꼭 알아야 할
새 〈미사 통상문〉 안내서

**꼭 알아야 할
새 〈미사 통상문〉 안내서**

2017년 10월 17일 교회 인가
2017년 11월 26일 초판 1쇄 펴냄
2018년 1월 12일 초판 3쇄 펴냄

지은이 · 윤종식
펴낸이 · 염수정
펴낸곳 · 가톨릭출판사
편집 겸 인쇄인 · 홍성학
편집장 · 이현주 | 편집 · 송민경, 정주화
디자인 · 강해인
마케팅 · 강시내

본사 · 서울특별시 중구 중림로 27
지사 · 경기도 고양시 일산동구 노첨길 65
등록 · 1958. 1. 16. 제2-314호
전자우편 · edit@catholicbook.kr
전화 · 1544-1886(대) / (02)6365-1888(영업국)
지로번호 · 3000997

ISBN 978-89-321-1495-8 02230

값 5,000원

ⓒ 윤종식 2017

가톨릭출판사 인터넷 서점 http://www.catholicbook.kr
직영 매장 명동대성당 (02)776-3601, (070)8865-1886/ FAX (02)776-3602
          가톨릭회관 (02)777-2521, (070)8810-1886/ FAX (02)6499-1906
          서초동성당 (02)313-1886/ FAX (02)585-5883
          서울성모병원 (02)534-1886/ FAX (02)392-9252
          절두산순교성지 (02)3141-1886/ FAX (02)335-0213
          미주지사 (323)734-3383/ FAX (323)734-3380

가톨릭의 모든 도서와 성물을 '가톨릭출판사 인터넷 서점'에서 만나 보실 수 있습니다.

성경 · 전례문 ⓒ 한국천주교중앙협의회

이 도서의 국립중앙도서관 출판예정도서목록(CIP)은 서지정보유통지원시스템 홈페이지(http://seoji.nl.go.kr)와
국가자료공동목록시스템(http://www.nl.go.kr/kolisnet)에서 이용하실 수 있습니다(CIP제어번호: CIP2017027126).

이 책은 저작권법에 의해 보호를 받는 저작물이므로 무단 전재와 무단 복제를 금합니다.

윤종식 지음

새 〈미사 통상문〉 수록

꼭 알아야 할
새 〈미사 통상문〉 안내서

2018년 전례력부터 새 한국어판 《로마 미사 경본》을 사용합니다!

가톨릭출판사

일러두기

- 이 책은 월간 《말씀지기》 '주님과 가까이' 코너에 실렸던 글을 정리하고 새로 보충하여 엮은 것입니다.
- 이 책 본문에서 '라틴어 《로마 미사 경본》'이나 《로마 미사 경본》이라고 표기된 것은 교황청에서 나온 《Missale Romanum》을 뜻합니다.
- 이 책 부록에 수록된 새 〈미사 통상문〉에는 신자들에게 필요한 부분만을 실었습니다. 이에 따라 각 전례 시기에 맞춰 사제가 하는 감사송은 **빠졌**으며, 감사 기도는 주로 많이 사용되는 제2양식만 들어 있습니다.
- 새 〈미사 통상문〉에는 라틴어 《로마 미사 경본》 제3표준 수정판에 따라 악보가 실렸지만, 여기에서는 악보를 **뺐**습니다.

차례

서 문 전례는 그리스도인 생활을 위한 학교 · 6

제1장 새 한국어판 《로마 미사 경본》 출간 · 9

제2장 미사의 시작 예식과 말씀 전례 · 28

제3장 미사의 성찬 전례와 마침 예식 · 40

제4장 전례주년과 고유 전례력 · 53

제5장 새 한국어판 《로마 미사 경본》의 의의 · 63

부 록

새 〈미사 통상문〉에서 변경된 주요 전례문과 동작 지시문 · 71

전례력의 변경 사항 · 74

새 〈미사 통상문〉 · 75

서문

전례는 그리스도인 생활을 위한 학교

"바티칸 공의회 전례 개혁은 되돌릴 수 없습니다."
이 말씀은 프란치스코 교황님이 지난 8월 24일 교황청에서 열린 제68차 '이탈리아 전례 주간 행사'에 참석한 전례학자들에게 행한 연설의 일부입니다.

교황님은 "공의회와 개혁이라는 두 사건은 직접적으로 연결되어 있고 갑자기 생겨난 것이 아니라 오랜 숙고 끝에 이뤄진 것입니다."라고 하시며 과거의 전례 운동과 선임 교황인 비오 10세 교황님과 비오 12세 교황님의 전례 개혁을 언급하셨습니다. 그리고 이러한 노력이 제2차 바티칸 공의회에 이르러 전례 개혁의 노선을 밝힌 '거룩한 전례에 관한 헌장'(1963년) 발표라는 결실을 맺었으며, 개혁 작업은 계속되고 있기에 전례 개혁은 되돌릴 수 없음을 천명하셨습니다.

더불어 교황님은 전례를 지적인 호기심과 탐구욕으로 접근하려는 사람들에게 "전례를 관념으로 이해해서는 안 되고 우리의 신앙 여정을 위한 생명과 빛의 원천으로 봐야 합니다."라고 하셨습니다. 그러면서 예식과 기도는 신자들에게 '그리스도인 생활을 위한 학교' 그 자체가 되어야 한다고 강조하셨습니다.

교황님은 최근 '전통주의자'들이 전례 개혁 이전의 전례로 돌아가려고 빈번하게 시도하는 것에 대해 전례를 개혁해야 함을 분명히 밝히셨습니다. 한편으로는 전례를 머리로는 이해하면서 전례에 현존하시는 하느님을 만나려는 실천을 하지 않고 전례를 자신의 삶과 구별하여 살아가는 신자들의 현실을 직시하셨기에 이렇게 강조하신 것으로 여겨집니다.

전례 개혁은 신자들이 전례에 의식적이고 완전하

며 능동적으로 참여하게 하려는 목적에서 이루어졌습니다. 이에 따라 1970년에 전례 개혁의 내용을 담은 라틴어 표준판 《로마 미사 경본》이 출간되었고, 한국 천주교 주교회의는 30여 년에 걸친 준비 작업 끝에 이를 새 한국어판 《로마 미사 경본》으로 출간했습니다.

이 책은 2018년 전례력부터 바뀌는 새 한국어판 《로마 미사 경본》 가운데 신자들이 꼭 알아야 할 기도문과 전례력, 관련 규정에 관해 다루고 있습니다. 그중 우리가 미사 때 사용하는 〈미사 통상문〉이 어떻게 바뀌는지를 자세히 살펴보고, 이를 한눈에 알아볼 수 있도록 핵심 정리에 담았습니다.

자료를 제공해 주신 신호철 비오 신부님과 이 책을 만드는 데 애써 주신 가톨릭출판사 편집국 직원분들께 감사드립니다. 이 책으로 이번 대림 시기부터 미사가 어떻게 달라지는지 살펴보면서 전례의 깊은 의미를 새롭게 알아보시기 바랍니다.

― 윤종식 신부

제1장

새 한국어판《로마 미사 경본》출간

✚ 변화를 두려워하지 않는 교회

    교회는 계속 변화되어 왔고 앞으로도 변화할 것입니다. 그러나 단순히 상황에 따르기보다 외부의 변화에 미리 대응하여 쇄신과 변화를 주도한다면, 오히려 세상에 끌려가기보다는 세상을 이끌어 나갈 수 있을 것입니다.

    그동안 교회나 공의회는 당시의 시대적 문제에 대해 수동적으로 대처해 왔습니다. 그러나 요한 23세 교황이 제2차 바티칸 공의회(1962~1965년)에서 밝힌 개막 메시지를 시작으로 교회는 능동적으로 변화하기 시작했습니다. 요한 23세 교황은 다음과 같이 말했습니다. "이 공의회는 '누구에게나 가까이 계시는 하느님을 더듬어 찾는'(사도 17,27 참조) 모든 사람의 요구를 채워 주고자 하는 것에 그 의도와 목적이 있습니다."

이에 제2차 바티칸 공의회는 시대의 요청에 응답하고, 신자들이 전례에 능동적으로 참여하도록 독려하며, 전반적으로 교리를 정비하여 교회 일치 운동의 기틀을 마련했습니다. 공의회는 우선적으로 트리엔트 공의회(1545~1563년)에서 정한 전례를 400년 동안 사용하면서 전례가 성직자 중심으로 진행된다고 보았습니다. 또한 전례에 라틴어만을 사용했기 때문에 신자들이 전례에서 멀어져 간다고 성찰했습니다. 그러면서 전례가 개혁되어야 교회 생활이 쇄신될 수 있음을 인식하고 전례 개혁을 우선 과제로 삼았습니다. 그 결과로 공의회 교부들은 '거룩한 전례에 관한 헌장 〈거룩한 공의회〉(이하, 〈전례 헌장〉)'를 1963년 12월 4일에 공포합니다.

✚ 전례 개혁에 따른 《로마 미사 경본》의 출간

　제2차 바티칸 공의회는 예식서 개정을 위한 특별 위원회를 구성하여 교회의 건전한 전통을 보존하면서 올바른 진보의 길을 열어 가기 위해 재검토해야 할 전례의 각 부분을 신학적·역사적·사목적으로 면밀하게 연구했습니다. 이어 교회의 경험을 바탕으로 교회에 참으로 확실한 이익이 되도록 전례 정신과 구조의 일반 법칙을 개혁해야 한다는 원칙을 가지고 예식서들을 개정했습니다. 개정 과정에는 세계 여러 지역의 전문가들이 동원되었고, 주교들의 의견이 포함되었습니다. 때로는 갈라진 형제들인 다른 그리스도교 종파의 의견을 청취하기도 했습니다.

　이러한 과정을 거친 전례 개혁의 결실로 1970년에 바오로 6세 교황은 표준판 《로마 미사 경본》을 출간합니다. 이 전례서는 1975년에 제2표준판이 나왔고, 2002년에 제3표준판이 출간되었으며, 2008년에는 제3표준판이 수정되어 발간되었습니다.

✚ 라틴어 《로마 미사 경본》의 제2표준판과 제3표준 수정판의 차이

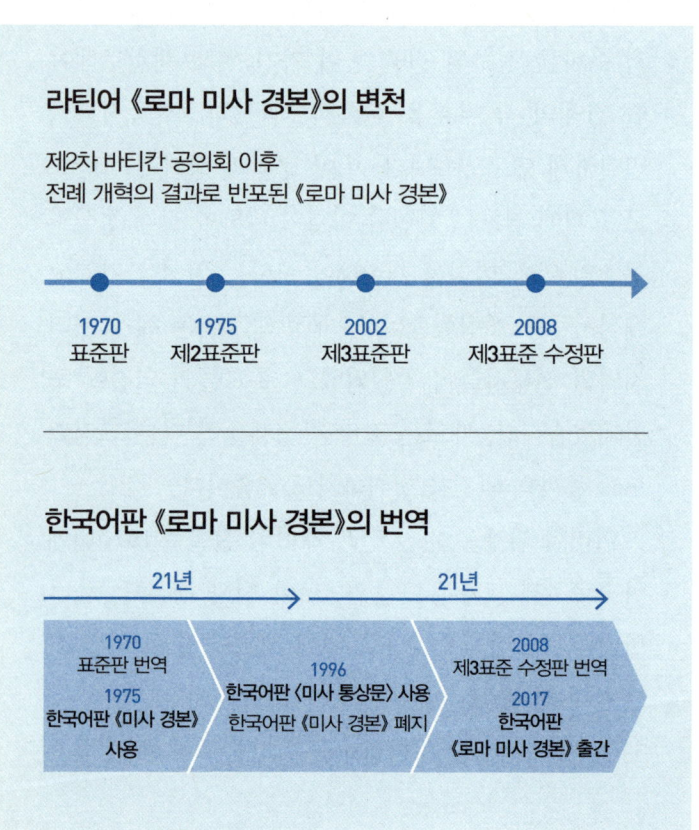

제2표준판에서 제3표준 수정판으로 출간되기까지 33년 동안 내용에 있어서 여러 부분이 추가되었습니다. 2008년 제3표준 수정판에 추가된 부분은 1983년 새 교회법에 수록된 전례 관련 사항과 그동안 개정된 전례 규정, 새로 시성된 성인들의 축일이 반영된 전례력과 그에 따른 기도문입니다. 어떤 부분들이 바뀌었는지 조금 더 구체적으로 살펴보겠습니다.

첫 번째, **로마 미사 경본 총지침**(이하, 총지침)을 다른 전례서들의 규정과 표현에 어울리도록 수정하고 사목 경험에 따른 몇 가지 변화도 담아 부족한 부분을 보충하면서 더욱 정확하고 풍요롭게 정리했습니다. 그래서 제2표준판의 총지침은 8장, 341항, 각주 95개로 구성되었는데, 제3표준판의 총지침은 9장, 399항, 각주 165개로 확장됐습니다.

두 번째, **총지침에 제9장을 추가**했습니다. 이는 로마 전례의 본질적인 통일성을 유지하면서도 미사 경본에 제시되지 않은 적응들을 영적 유익을 위하여 지역 교회의 주교회의가 받아들일 수 있도록 하는 지침을 마련함으로써 《로마 미사 경본》을 사목적 필요에 알맞게 적용하는 길을 제시하려 한 것입니다.

세 번째, 니케아-콘스탄티노폴리스 신경 대신에, 특히 사순 시기와 부활 시기에는, 사도 신경 곧 로마 교회의 세례 신경을 바칠 수 있다고 명시하여 **사도 신경의 위상을 복원**하였습니다. 사도 신경은 초세기 교회로부터 물려받은 본연의 신경으로서 니케아-콘스탄티노폴리스 신경보다 더 오래된 것이며, 동서방 교회가 공유하고 있는 것입니다. 이 신경은 주로 파스카 성야의 세례식에서 사용되었기에 "세례 신경"으로도 불리며, 주님의 강생과 파스카 사건이 단순한 표현으로 뚜렷하게 부각되어 있는 탁월한 교회의 유산입니다.

네 번째, **양형 영성체가 허락되는 경우를 더욱 분명하게** 밝혔습니다. 주교회의는 사도좌의 추인을 받아 양형 영성체를 신자들에게 확대하는 권한과 분배하는 방식에 관한 규정을 마련할 수 있으며, 교회법 제381조 1항에 근거하여, 교구장 주교는 자기 교구를 위하여 양형 영성체 규범을 정할 수 있다고 명시하였습니다(총지침 283항).

다섯 번째, **미사의 교회론적 차원을 강조**하였습니다. 트리엔트 공의회 직후 1570년에 반포된 《로마 미사 경본》은 사제가 혼자 드리는 미사를 첫째 자리에 놓았던 반면, 이 제3표준판은 전례의 교회론적 차원을 중시하여 교우들과 함께 드리는 미사를 성찬례의 전형적인 형태로 제시하였습니다(총지침 115항 이하). 특히 지역 교회에서는 주교가 자기 사제단, 부제들, 평신도 봉사자들에게 둘러싸여 주례하고, 하느님의 거룩한 백성이 온전히 능동적으로 참여하는 미사가 그 의미로 보아 첫자리를 차지하며, 여기서 교회의 모습이 가장 뚜렷하게 드러난다고 밝히고 있습니다(전례 헌장 41항, 총지침 112항). 또한 사제가 혼자서 미사를 드릴 때 봉사자가 한 사람이라도 참여하게 하여(총지침 252-272항) 거행 양식의 일관성을 유지하고, 사제 혼자서 드리는 미사는 부득이하고 중대한 이유가 없이는 거행하지 못하도록 하였습니다.

여섯 번째, **더욱 풍요롭고 완전한 전례문을** 제시하였습니다.
1) 이전에는 대림 시기의 평일에 사용하는 기도문 몇 개를 제시하였는데, 제3표준 수정판에는 대림 시기의 모든 평일에 고유한 기도문을 수록하였습니다.
2) 이전에는 부활 시기에 부활 팔일 축제의 기도문을 반복하여 사용하였는데, 제3표준 수정판에는 부활 시기의 모든 날에 옛 성사집에서 가져온 고유한 기도문을 수록하였습니다.
3) 사순 시기 미사에는 옛 전례 관습에 따라 날마다 백성을 위한 기도를 넣었습니다. 사순 시기 주일에만 제시되었던 이 기도가 사순 시기 모든 날에 제시되었습니다. 그리고 미사 통상문 부록에는 제2표준판에 있던 여러 기도문을 삭제하는 대신 기도문 15개를 새롭게 추가했습니다.
4) 1975년 이후 로마 보편 전례력에 새로 들어온 축제일 거행을 위하여 전례문을 덧붙였습니다.

5) 하느님의 어머니 공경을 촉진하려고 새로 미사 전례문을 만들어 복되신 동정 마리아 공통 미사를 풍부하게 하였습니다.
6) 여러 공통 미사, 여러 상황이나 필요에 따라 드리는 기원 미사, 죽은 이를 위한 미사에서는 언제든 잘 어울리는 기도문으로 바꾸어 쓸 수 있도록 기도문의 배열을 바꾸고, 기도문을 덧붙였습니다.
7) 예식 미사에는 그동안 발행된 예식서들을 참고하여 기도문을 덧붙였습니다.
8) 감사송을 추가하고 보완하였습니다. 미사 통상문 부록에 화해 감사 기도 2개 양식과 기원 감사 기도 4개 양식이 추가되었습니다. 2002년 제3표준판 부록에는 어린이와 함께 드리는 미사를 위한 감사 기도 3개 양식이 있었다가 2008년 제3표준 수정판에는 삭제되었습니다.

일곱 번째, 그레고리오 성가 악보를 부록이 아니라 통상문과 고유 기도문의 해당 자리에 배치하여 전례

음악으로서 독보적인 자리를 차지하는 그레고리오 성가의 위상을 복원하였습니다(전례 헌장 116항, 총지침 41항). 또한 전례 거행 중에 이루어져야 할 거룩한 침묵의 중요성을 강조하였습니다(총지침 45항과 56항).

여덟 번째, 미사 통상문에서 **사제와 관련된 주요 사항을 정리**했습니다.

1) 입당 때, "제대 앞에 이르러 사제는 봉사자들과 함께 제대에 깊은 절을 하고, 제대에 입을 맞춘 다음(한국 교구들에서는, 제대에 서서 고개를 숙여 경건하게 절한 다음) 경우에 따라 십자가와 제대에 분향한다." 라고 명시했습니다(1항).

2) 다양한 인사 양식을 덧붙였습니다(2항).

3) 사제가 "보라! 하느님의 어린양"이라고 말할 때, "성체를 성반이나 성작 위에 조금 높이 받쳐 든다."라고 "성작"을 덧붙여 명시했습니다(132항).

4) "성체 분배가 끝나면 사제나 부제나 시종은 성작 위에서 성반을 깨끗이 닦고 성작도 그렇게 한다."라고 거룩한 그릇을 정리하는 이를 명확하

게 밝혔습니다(137항).

5) 다양한 파견 양식을 덧붙였습니다(144항).

6) 파견 때, "사제는 입당할 때와 같이 제대에 입을 맞춘다(한국 교구들에서는, 제대에 고개를 숙여 경건하게 절한다). 그다음에 봉사자들과 함께 제대 앞에서 깊은 절을 하고 물러간다."라고 명시했습니다(145항).

아홉 번째, 미사 통상문에서 **신자들과 관련된 주요 변경 사항을 정리**했습니다.

1) 인사에서 교우들의 응답을 "또한 사제의 영과 함께Et cum spiritu tuo." 한 가지로 통일했습니다(2항).

2) 예물 기도 전에 사제가 "형제 여러분, 우리가 바치는 …… 기도합시다."라고 하는 부분에 "교우들은 일어서서 응답한다."라는 동작 지시문을 추가하여 교우들이 일어나는 때를 명확하게 밝혔습니다(29항).

3) "영성체 노래는 사제가 성체를 모실 때에 시작한다."라고 명시하여 영성체 노래를 할 때를 명확하게 밝혔습니다(136항).

열 번째, 미사 통상문 외에도 대축일 등에 **악보를 제시**하고 있고 미사 통상문 부록과 전체 부록에 악보를 제시하고 있습니다.

열한 번째, **전체 부록**에 1) 미사 통상문에 나오는 노래, 2) 성수 예식, 3) 성체 분배 임시 위임 예식, 4) 미사 때 거행하는 성작과 성반 축복 예식, 5) 보편 지향 기도 예문, 6) 미사 준비 기도, 7) 미사 후에 바치는 감사 기도 등을 제시하고 있습니다.

✚ 새 한국어판 《로마 미사 경본》 출간

《로마 미사 경본》이 드디어 한국어로 번역되어 출간되었습니다. 그렇다면 전에는 한국어로 된 온전한 《로마 미사 경본》이 없었던 것일까요? 아닙니다. 1974년에 교황청 인준을 받고 1976년부터 사용되던 한국어 《미사 경본》이 있었으나 한국 고유의 예법과 어법에 알맞고 원문에 더욱 충실하게 번역하고자 한국 천주교 주교회의 전례위원회에서 새롭게 번역 작업을 시작했습니다. 그 결실로 1996년에 〈미사 통상문〉이 나왔고, 21년이 지난 2017년에 새 한국어판 《로마 미사 경본》이 빛을 보게 되었습니다.

예전에는 '미사 경본'이라는 용어를 사용했었는데, 라틴어인 Missale Romanum을 더욱 충실하게 번역하자는 의미로 '로마'를 추가하여 '로마 미사 경본'으로 제목이 바뀌었습니다. 우리나라에서는 1996년부터 전체 기도문이 들어가 있지 않고 미사 때 통상적으로 하는 기도문만 모아 놓은 얇은 〈미사 통상문〉을 사용했습니다. 그러나 다가오는 이번 대림 시기부터는 전례 시기와 각종 예식과 기원 미사의 기도문들이 다 포함된 **새 한국어판 《로마 미사 경본》을 사용**하게 됩니다. 또한 이와 함께 사용하게 될 **《미사 독서》가 4권으로 출간**됩니다. 이

새 한국어판 《로마 미사 경본》

로써 미사에서 사용되는 예식서의 품위를 제대로 찾을 수 있게 되었습니다.

한편, 1570년에 나온 비오 5세 교황의 《로마 미사 경본》에는 악보가 늘 포함되었는데, 1970년에 나온 바오로 6세 교황의 《로마 미사 경본》에는 악보를 부록에 넣는 바람에 이를 번역한 〈미사 통상문〉을 노래하려면 번거로움이 따랐습니다. 새 한국어판 《로마 미사 경본》은 2008년 라틴어 제3표준 수정판에 따라 **〈미사 통상문〉에 악보를 넣어서** 자연스럽게 노래로 기도를 할 수 있도록 했습니다. 이로 인해, 앞으로는

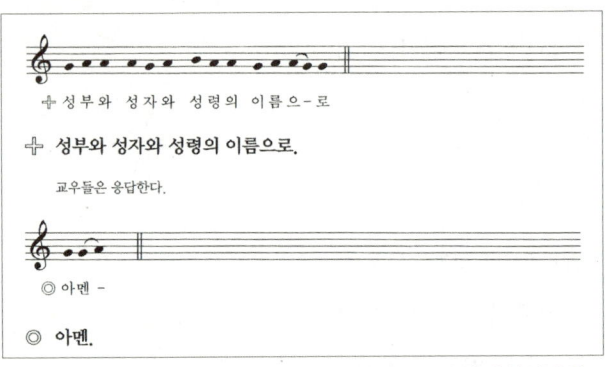

〈미사 통상문〉에 삽입된 악보

옛 격언인 "노래를 잘 부르는 사람은 두 배로 기도한다."라는 말을 더욱 쉽게 실천할 수 있게 되었습니다.

✚ 교황청에서 제시한 번역 지침

교황청에서 전례를 담당하는 경신성사성은 한국을 비롯한 여러 나라의 기존 번역본에서 라틴어 판본의 본래 의미를 제대로 드러내지 못하는 부분이 있음을 지적했습니다. 그리고 올바른 번역을 위한 원리를 제2차 바티칸 공의회 '거룩한 전례에 관한 헌장'의 다섯째 훈령 〈진정한 전례〉에 제시하고 있습니다.

훈령에는 제2차 바티칸 공의회의 가장 중요한 의도 가운데 하나인 "거룩한 전례의 쇄신"을 가장 성실하게 이행하기 위해 전례서를 모국어로 번역하는 작업이 포함되어 있는데, 이는 각국의 미사 전례에 많은 긍정적인 효과를 가져왔다고 합니다. 그러나 정통 교리를 담은 전례서 준비에는 최대한 신중하고 주의 깊게 이루어져야 함도 강조하고 있습니다. 더불어 몇몇 지역에서 전례서의 번역을 수정해야 하거나 새로

운 초안을 통해 개선해야 한다고도 지적합니다. 기존의 일부 모국어 번역에서 발견된 누락이나 오류는 교회가 더욱 완전하고 건전하며 진정한 쇄신을 위한 토대를 놓는 일을 방해하고, 그 지역 문화에 복음을 뿌리내리는 토착화 과정을 방해한다고 우려합니다. 그래서 교황청은 **번역 지침**을 제시하였는데 대략 네 가지로 요약할 수 있습니다.

첫 번째, 로마 전례의 전례문을 번역할 때에는 **원문을 충실하고 정확하게** 옮기는 작업을 우선시해야 한다고 말합니다. 모국어로 번역하는 과정에서 원문의 내용이 훼손되지 않도록 말이지요.

두 번째, **새로운 번역은 원문에서 직접** 해야 합니다. 그러므로 교회가 만든 전례문일 경우에는 라틴 말에서, 성경 본문일 경우에 따라 히브리 말, 아람 말, 그리스 말에서 직접 번역하여야 합니다. 또한 전례에 사용할 목적으로 이러한 번역 작업을 할 때에는 대개 사도좌가 발표한 새 《대중 라틴 말 성서 *Nova Vulgata Editio*》를 보조 도구로 삼아 참조하되, 훈령에서 설명한 방식대로 함으로써 라틴 전례의 고유한 해석 전통을 유지하도록 합니다.

세 번째, **교리 교육과 일반 신심 기도에서 자주 사용하는 성경 구절의 단어가 그대로 유지될 수 있도록** 해야 합니다. 또한 비가톨릭교회 공동체나 다른 종교의 표현 방식과 혼동할 수 있는 용어나 문체를 사용하지 않도록 많은 주의를 기울여야 합니다.

네 번째, **고대 교회의 유산이 되는 표현은 직역**하도록 하여 표현의 고유성을 존중했습니다. 예를 들면, "또한 당신의 영과 함께Et cum spiritu tuo."와 "제 탓이요, 제 탓이요, 저의 큰 탓이옵니다mea culpa, mea culpa, mea maxima culpa."와 같은 부분이 여기에 해당됩니다.

핵심 정리

Q. 제2차 바티칸 공의회에서 전례 개혁을 한 이유

A. 트리엔트 공의회에서 정한 전례를 400년 동안 사용하면서 전례가 성직자 중심이었고, 전례에서 라틴어만을 사용했기 때문에 신자들이 전례에서 멀어져 간다고 성찰

Q. 새 한국어판 《로마 미사 경본》의 원본인 라틴어 제3표준 수정판의 주요 특징

A1. 총지침을 다른 전례서들과 어울리도록 수정하고 보충하면서, 더욱 정확하고 풍요롭게 정리

A2. 총지침에 제9장을 추가

A3. 사순 시기와 부활 시기에 사도 신경을 바칠 수 있다고 명시

A4. 양형 영성체가 허락되는 경우를 더욱 분명하게 밝힘

A5. 미사의 교회론적 차원을 강조

A6. 더욱 풍요롭고 완전한 전례문을 제시

A7. 그레고리오 성가 악보를 부록이 아닌 통상문과 고유 기도문의 해당 자리에 배치

A8. 미사 통상문에서 사제와 관련된 주요 사항 정리

A9. 미사 통상문에서 신자들과 관련된 주요 변경 사항 정리

A10. 미사 통상문 외에도 대축일 등에 악보 제시

A11. 미사 통상문 부록에 내용 추가

Q. 〈미사 통상문〉에서 신자들과 관련된 주요 변경 사항
A. 인사에서 교우들의 응답을 "또한 사제의 영과 함께."로 통일
A. 예물 기도 전 "교우들은 일어서서 응답한다."라는 지시문 추가
A. "영성체 노래는 사제가 성체를 모실 때에 시작한다."라고 명시

Q. 새 한국어판 《로마 미사 경본》 출간으로 미사에서 변경된 사항
A. 4권으로 출간되는 《미사 독서》를 사용
A. 〈미사 통상문〉에 악보가 포함됨

Q. 교황청에서 제시한 번역 지침
A1. 로마 전례의 전례문을 번역할 때에는 원문을 충실하고 정확하게 옮기는 작업을 우선시해야 함
A2. 새로운 번역은 원문에서 직접 해야 함
A3. 교리 교육과 일반 신심 기도에서 자주 사용하는 성경 구절의 단어가 그대로 유지될 수 있도록 해야 함
A4. 고대 교회의 유산이 되는 표현은 직역해 표현의 고유성 존중

제2장

미사의 시작 예식과 말씀 전례

 우리 인간은 하느님을 거스르는 죄를 지어 죽음을 맞이하기도 하고, 삶의 고통으로 인해 불행의 늪에서 빠져서 헤어 나오지 못하기도 합니다. 이러한 인간의 모습에 마음 아파하시며 하느님께서는 구원 계획 안에서 당신의 아드님이신 예수님을 인간이 되게 하시어 그분의 수난과 죽음, 부활이라는 파스카 사건을 통해서 인간을 죄에서 구하십니다. 그리고 이 구원 사건이 일회적인 것으로 끝나게 하지 않으십니다. 예식 안에서 '기억anamnesis'을 통해 구원 사건을 지속적으로 현재화하시는 것입니다. 그것이 바로 우리가 드리는 '미사Missa'입니다.

✚ 시작 예식의 의미

미사는 본질적으로 말씀 전례와 성찬 전례 두 부분으로 이루어져 있습니다. 물론 시작 예식과 마침 예식이 있지만 이는 부수적인 역할을 하지요. '전례'와 '예식'으로 용어를 구분해서 사용하는 것만 보아도 알 수 있습니다. 순서로 보면 **미사는 시작 예식, 말씀 전례, 성찬 전례, 마침 예식으로 진행**됩니다.

미사를 드리기 위해 성당에 모인 사람들은 기본적으로 예수님이 마련하신 성찬례에 초대된 사람들입니다. 이들은 **시작 예식을 통해 예수님의 거룩한 잔치에 합당하게 참여하기 위한 준비**를 합니다. 곧 시작 예식은 한데 모인 신자들이 일치를 이루는 것과 그 다음에 이어지는 말씀 전례에서 하느님 말씀을 올바로 듣고, 성찬례를 합당하게 거행할 수 있도록 준비하는 데에 목적이 있습니다.

✚ 삼위일체 하느님이 함께하시기를 기원하는 인사

입당, 인사, 참회, 자비송, 대영광송, 본기도 순으로 진행되는 시작 예식에서 이번에 새롭게 번역된 부분이 있습니다. 바로 사제가 제대에 인사를 하고 십자성호를 그은 뒤, 신자들과 인사를 하는 부분입니다. 이는 세 가지 양식이 있는데 그중 첫 번째 양식은 코린토 신자들에게 보낸 둘째 서간 13장 13절을 그대로 사용한 것입니다. 하지만 이 양식에 사용된 번역문은 성경 구절과 다릅니다. "사랑을 베푸시는 하느님 아버지와 은총을 내리시는 우리 주 예수 그리스도와 일치를 이루시는 성령께서 여러분과 함께."라는 이 번역문은 성경 구절을 일부러 성부, 성자, 성령의 순서로 배치했음을 볼 수 있습니다.

삼위일체 구조의 신앙 고백 형태는 신약 성경에서 전통적으로 인용되는 두 곳을 제외하고는 거의 나타나지 않습니다. 하나는 시작 예식에서 인사문으로 사용된 코린토 신자들에게 보낸 둘째 서간 13장 13절이고, 다른 하나는 부활하신 주님께서 직접 삼위의 이름으로 세례를 주라고 명령하시는 부분입니다(마태 28,19 참조). 교황청의 경신성사성에서 세운 번역 원칙에 따라 원문을 충실하고 정확하게 옮기기 위해 새 한국어판에서는 이 성경 구절을 그대로 사용하도록 했습니다. 그래서 **"우리 주 예수 그리스도의 은총과 하느님의 사랑과 성령의 친교가 여러분 모두와 함께."** 라고 번역문을 수정했습니다.

이는 "나는 길이요 진리요 생명이다. 나를 통하지 않고서는 아무도 아버지께 갈 수 없다."(요한 14,6)라고 하신 하느님의 중개자인 예수님의 역할을 잘 드러내고 있는 부분이며 삼위의 역할을 '성자의 은총', '하느님의 사랑', '성령의 친교'라는 특징을 통해서 잘 드러내고 있는 부분이기도 합니다.

인사의 두 번째 양식은 바오로 사도의 편지 서두에 흔히 나오는 초대 교회의 전형적인 편지 및 전례 인사입니다. "하느님 우리 아버지와 주 예수 그리스도에게서 은총과 평화가 여러분에게 내리기를 빕니다." (로마 1,7; 1코린 1,32; 2코린 1,2; 갈라 1,3 등) 이 인사는 유다인들의 평화 인사인데 여기에 그리스도의 구원 의미를 덧붙여 그리스도교 인사로 발전시킨 것입니다. 사도 교회는 평화와 구원을 흔히 함께 사용하였습니다. 이와 비슷한 인사는 옛 안티오키아 전례와 라틴 전례의 주교 미사에 나타납니다. 여기서 말하는 평화는 그리스도의 부활이 가져다준 구원 열매를 말합니다. 그래서 은총과 평화는 자주 함께 사용됩니다. 이 인사를 예전 미사 통상문에서는 "은총과 평화를 내리시는 하느님 아버지와 주 예수 그리스도께서 여러분과 함께."라고 번역했는데 새 한국어판《로마 미사 경본》에는 성경 내용에 충실하게 **"하느님 우리 아버지와 주 예수 그리스도께서 내리시는 은총과 평화가 여러분과 함께."**라고 수정하였습니다.

이 두 번째 인사에 대한 교우들의 응답은 "우리 주 예수 그리스도의 아버지 하느님, 찬미받으소서."라고 하여 그동안 일반적인 응답인 "또한 사제와 함께."가 아니라서 혼돈을 주는 응답이라는 평가가 있었습니다. 그래서 제3표준 수정판에 다른 응답과 같이 **"또**

한 사제의 영과 함께."로 일치시켰습니다.

✤ Et cum spíritu tuo를 "또한 사제와 함께"에서 "또한 사제의 영과 함께"로

그리스도의 현존을 기원하는 이 인사가 전례에 사용된 것을 처음으로 증언한 문헌은 3세기경에 작성된 '사도전승' 4장과 25장입니다. 이 인사 양식은 적어도 3세기 전부터 행해졌다고 추정해 볼 수 있습니다. 그런데 여기에 사용된 tuo는 사실 2인칭 대명사입니다. 그러나 다른 나라와 달리 우리말에는 2인칭 대명사를 존대의 의미로 사용하는 법이 없으며, 대신 직함이나

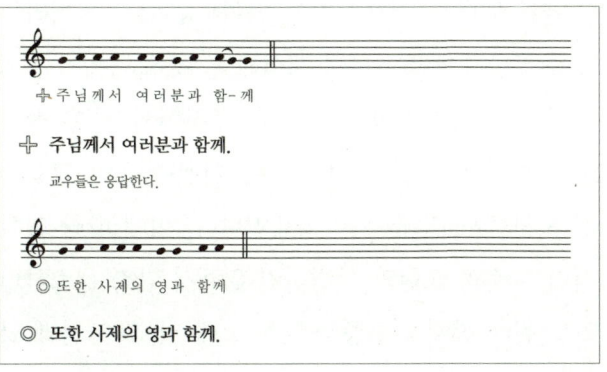

관계성에서 오는 호칭을 사용하는 것이 일반적입니다. 이에 따라 이제까지는 '또한 사제와 함께.'라고 번역하여 사용해 왔습니다.

그런데 이렇게 했을 때 문제는 'spíritus'에 대한 번역이 없다는 것입니다. 독일의 전례학자인 융만J.A. Jungmann은 여기에 나오는 '영spíritus'이라는 말이 성경의 관습을 반영하는 것으로 한 사람의 영혼을 가리키는 것이고, 셈족 어법에서 '한 사람의 영혼'이라는 표현은 '그 사람의 개인적인 차원'을 가리키는 일상적인 표현이므로, 결국 "Et cum spíritu tuo"는 그냥 'Et tecum(또한 당신과 함께)' 정도의 의미라고 보았습니다.

반면에 다른 전례학자인 라파V. Raffa는 '영'이라는 말을 부당하게 축소하여 해석해 온 것에 대해서 동의하지 않는다고 주장합니다. 이 주장에서 '영'은 성경 본문에 나오는 원래 형태이며, 이천년 동안 교회의 전통 안에서 전해져 온 형태입니다. 이에 따라 일상적인 수준의 표현과 구별하기 위해서 다소 생소하더라도 원래 형태를 존중해야 하고 대부분의 판본에 남아 있는 형태를 사용하여 이 형태 안에 담겨 있는 깊은 전례적 의미를 보존해야 한다고 강조합니다. 이것은 단순한 인사말이 아니라 교회 공동체 안에 현존하시어 집회를 성화하시는 그리스도의 신비를 표현하는 것으로써 여러 교부들은 이 '영 spíritus'에 대해 특별하게 해석하고 있다고 합니다.

초기 교회의 전통과 교부들은 'spíritus'가 사제의 영혼이 아니라 그가 서품식 때 받은 성령과 그 성령께서 주시는 직무 수행의 은사를 가리키는 것이라고 알려 줍니다. 따라서 이 인사는 사제가 서품식 때 받은 성령의 은사로써 주님의 뜻에 따라 특별하고 초월적인 방식으로 자신의 직무를 수행함을 가리킨다고 해석할 수 있습니다.

예를 들면, 요한 크리소스토모 성인은 로마 신자들에게 보낸 서간 1장 9절과 코린토 신자들에게 보낸 첫째 서간 5장 4절을 주석하면서 바오로 사도가 "또한 내 영으로 et meo spíritu"라고 할 때 그 '영'이 '은총 grátia', '은사 charísma' 또는 '선물 dōnum'이며 이렇게 은총으로 받은 영으로 사도는 자신의 직무를 수행한다고 했습니다. 같은 성경 구절을 주석하면서 키루스Cyrrhus의 테오도레투스Theodoretus 성인도 사도가 말하는 '영'이 '받은 은총data grátia'이요 '성령의 은총grátia spíritus'이라고 하였으며, "정녕 여기서 영은 영혼이 아니라 은총을 가리킨다."라고 명백하게 설명합니다.

✚ '매일 미사'가 아닌 4권으로 된 '미사 독서Lectionarium'를 전례에 사용

하느님께서는 성경 독서를 통해 당신 백성에게 말씀하시고 구속과 구원의 신비를 열어 보이시며 영적 양식을 주십니다. 말씀을 건네시는 하느님께 백성은 노래로 응답하고, 침묵으로 이 거룩한 말씀을 자기 것으로 삼으며, 신앙 고백으로 그 말씀을 깊이 간직합니다.

교회는 이러한 성경 독서를 전례주년과 미사의 특성에 따라 체계적으로 배치했습니다. 그리고 이를 돕는 《미사 독서》를 4권으로 새롭게 출간하였습니다.

제1권은 대림 시기에서 부활 시기까지, 제2권은 연중 제6주일에서 제34주일까지, 제3권은 성인 고유, 제4권은 예식·기원·신심 미사와 죽은 이를 위한 미사 독서들이 수록되어 있습니다. 신자들 가운데에는 약 20년 동안 매달 나온 '매일 미사'가 '미사 독서'인 줄 알고 있는 분들이 많을 것입니다. 하지만 그동안 제대로 된 '미사 독서'가 없는 상태로 오랫동안 지내다가 이제야 품위 있는 '미사 독서'를 사용하게 된 것입니다. 《미사 독서》는 4권으로 구성되어 있기 때문에 전례를 준비하는 봉사자들은 각 권이 담고 있는 특징적인 전례 시기 및 미사의 성격을 파악해야만 적절하게 전례 준비를 할 수 있습니다.

✚ 사순 시기와 부활 시기에 사도 신경 사용 권고

새 한국어판 《로마 미사 경본》에서는 **사순 시기와 부활 시기에 사도 신경을 사용**하라고 권합니다. 예루살렘 교회 초기부터 세례 때 사용했던 신앙 고백문에서 발전한 니케아 - 콘스탄티노폴리스 신경과 달리 로마 교회의 세례 신앙 고백문인 사도 신경은 예수님의 신성에 대한 고백 부분이 없이 바로 강생의 신비에서 파스카 신비를 고백합니다. 그렇기에 사순 시기와 부활 시기에 적절하다고 교회는 말하고 있습니다. 이 설명은 **이 시기 이외에는** 되도록 동방과 서방의 모든 교회가 사용하는 **니케아-콘스탄티노폴리스 신경을 바치라는 암시적인 권고**이기도 합니다.

핵심 정리

Q. 시작 예식에서 새롭게 번역되는 부분
A. 사제가 제대에 인사하고 십자성호를 그은 뒤, 신자들과 인사하는 부분이 "우리 주 예수 그리스도의 은총과 하느님의 사랑과 성령의 친교가 여러분 모두와 함께."라고 바뀜

Q. "또한 사제의 영과 함께."로 바뀌는 이유
A. 기존에 했던 "또한 사제와 함께."에서는 '영'에 관한 번역이 빠져 있는데, 여기에서 '영'은 사제의 영혼이 아니라 그가 서품식 때 받은 성령과 그 성령께서 주시는 직무 수행의 은사를 가리킴

Q. '매일 미사'가 4권으로 된 '미사 독서'로 바뀌는 이유
A. 성경 독서를 전례주년과 미사의 특성에 따라 체계적으로 배치한 《미사 독서》를 4권으로 새롭게 출간해 신자들은 각 권이 담고 있는 특징적인 전례 시기 및 미사의 성격을 파악할 수 있음

Q. 사순 시기와 부활 시기에 사도 신경을 사용하기를 권하는 이유
A. 니케아-콘스탄티노폴리스 신경과 달리 로마 교회의 세례 신앙 고백문인 사도 신경은 예수님의 신성에 대한 서술 없이 강생의 신비에서 바로 파스카 신비를 고백하기 때문

제3장

미사의 성찬 전례와 마침 예식

✙ 하느님께서 계획하신 구원 역사를 기억하고
현재의 사건으로 만드는 성찬 전례

미사를 다른 말로 '희생 제사sacrificium'라고 합니다. 이 단어는 sacrum(거룩함)과 facere(하다)의 합성어인 '거룩해지다'에서 유래합니다. 곧 '희생 제사'는 고통의 개념이 포함된 단어라기보다 거룩한 하느님과의 온전한 일치를 통해서 거룩해지는 과정을 말하는 단어입니다. 그리스도께서는 마지막 만찬에서 파스카 제사와 잔치를 제정하시고, 이를 통하여 당신의 '희생 제사'인 십자가의 제사가 교회 안에서 언제나 지속되도록 하셨습니다.

그리스도께서는 빵을 들어 감사를 드리며 축복하신 다음, 쪼개어 제자들에게 주시며 "너희는 모두 이것을 받아 먹어라. 이는 너희를 위하여 내어 줄 내 몸이다."라고 말씀하셨습니다. 이어 잔을 들어 감사를 드리며 축복하신 다음 제자들에게 주시며 말씀하셨습니다. "너희는 모두 이것을 받아 마셔라. 이는 새롭고 영원한 계약을 맺는 내 피의 잔이니 죄를 사하여 주려고 너희와 많은 이를 위하여 흘릴 피다. 너희는 나를 기억하여 이를 행하여라." 이에 교회는 그리스도의 이 말씀과 행동에 맞추어 **성찬 전례를 크게 세 부분으로 나누어 거행**합니다.

첫 번째, **'예물 준비'**에서 빵과 포도주와 물, 곧 그리스도께서 당신 손에 드셨던 것과 똑같은 재료를 제대에 가져갑니다.

두 번째, **'감사 기도'**를 통하여, 구원 업적 전체에 대해 하느님께 감사드립니다. 이때 예물은 그리스도의 몸과 피가 됩니다.

세 번째, **'빵 쪼갬과 영성체'**를 통하여, 사도들이 바로 그리스도의 손에서 받아먹었듯이 신자들도 그렇게 성체와 성혈을 받아 모십니다. 이때 비록 신자들의 수가 많을지라도 하나의 빵에서 주님의 몸을 받아먹고 하나의 잔에서 주님의 피를 받아 마십니다.

✚ 달라진 자세와 동작

새 한국어판 《로마 미사 경본》에는 예전과 달라진 자세와 동작 지시문이 있습니다. 먼저, **자세와 동작에 대한 지시문이 추가**되었습니다.

예물 준비에서 예물 기도 전에 사제가 "형제 여러분, 우리가 바치는 이 제사를 전능하신 하느님 아버지께서 기꺼이 받아 주시도록 기도합시다."라고 하면 교우들은 일어서서 다음과 같이 응답을 합니다. "사제의 손으로 바치는 이 제사가 주님의 이름에는 찬미와 영광이 되고 저희와 온 교회에는 도움이 되게 하소서." 여기에 **"교우들은 일어서서 응답한다."**라고 하며 **교우들이 일어서는 때를 명확히 알려 주는 지시문이 추가되었습니다.** 주님께 모두가 함께 기도할 때는 일어선 자세가 전통적이고 합당하기 때문입니다.

사제의 동작 중에서 영성체 직전에 사제가 **"보라! 하느님의 어린양"**이라고 말할 때, **"성체를 성반이나 성작 위에 조금 높이 받쳐 든다."**라고 **'성작'을 덧붙여** 놓았습니다. 전에는 성체를 성반 위에 조금 높이 받쳐 드는 것으로 되어 있었는데, 성체의 부스러기가 떨어지는 것을 방지하기 위해서 그렇게 했던 것입니다. 이제는 성체와 성혈이 바로 하느님의 어린양이신 예수 그리스도를 드러내는 가장 중요한 현존 양식임을 명확히 드러내기 위해서 성작도 함께 사용할 수 있도록 했습니다.

두 번째로 과거의 미사 통상문 본문에 있었던 **"장례 미사에서는 평화의 인사를 생략할 수 있다."라는 문구를 라틴어 원문에 따라 삭제했습니다.** 예전에는 장례 미사에서 평화의 인사를 생략하는 것이 당연한 일이었지만 이제는 오히려 평화의 인사를 하는 것이 당연한 일이 되었습니다. 제2차 바티칸 공의회의 전례 헌장에서 "장례식은 그리스도인의 죽음의 파스카 성격을 더욱 명백히 드러내야 한다."(81항)라고 표명했기 때문입니다. 예전에는 인간적 슬픔과 통회의 표징으로 평화의 인사를 생략했지만, 이제는 '죽음의 파스카 성격'을 정확히 드러내기 위해서 교회에서 누리는 일치와 서로의 사랑을 드러내는 평화의 인사를 하도록 한 것입니다. 이 밖에도 장례 미사에서 죽음의 파스카 성격을 드러내는 표징은 흰색 제의와 부활초 등이 있습니다.

세 번째로 새 한국어판 《로마 미사 경본》에는 **"영성체 노래는 사제가 성체를 모실 때에 시작한다."**라고 분명하게 성체 성가를 부르는 때를 명시하고 있습니다. 이는 영성체송이나 영성체 노래를 하는 시기가 본당마다 조금씩 다른 경우가 있기 때문입니다. 그래서 사제가 영성체를 모실 때 복사가 종을 치는 필요 없는 행위를 합니다. 이것은 본래 없는 것인데, 교우들에게 영성체송이나 영성체 노래를 하는 때를 알리기 위해서 누군가가 임의로 정한 것이라 추측됩니다.

✛ 달라진 기도문

교우들이 바치는 기도문 중에는 달라진 것이 없으나 주례자가 바치는 감사 기도에서 바뀐 부분이 있습니다. 그중에서 중요한 사항만 언급하려 합니다.

첫 번째, 감사 기도에 성가정의 가장인 **'성 요셉'을 삽입**했습니다. 교황청의 경신성사성은 **감사 기도 제2·3·4양식의 '성인들을 기억하는 기도'**에 로마 전문Canon Romanus이라고 하는 제1양식 86항의 **"그 배필이신 성 요셉과"**를 삽입하도록 했습니다. 성 요셉의 이름을 감사 기도에서 낭송하도록 해 달라는 청원은 비오 7세 교황 때인 1815년에 '일단의 신자들'로부터 처음으로 제시되었으며, 비오 9세 교황 때인 1866년 4월 22일에도 다시 제기되었습니다. 그러나 그때는 전통적인 감사 기도를 유지해야 한다는 이유로 부결되었습니다.

그러나 요한 23세 교황 때에 이르러 드디어 감사

기도에 성 요셉의 이름을 넣도록 결정하였고, 제2차 바티칸 공의회가 시작한 지 얼마 되지 않은 1962년 12월 8일부터는 감사 기도(지금의 제1양식)에서 성모 다음에 성 요셉도 함께 기억하도록 제정하였습니다. 그러나 그 이후에 마련된 제2·3·4양식에서는 성 요셉의 이름이 빠져 있었습니다. 그러다가 2011년 베네딕토 16세 교황이 성 요셉의 이름을 나머지 감사 기도 세 개에 넣기를 바란다는 원의를 경신성사성에 전달하였습니다. 이를 통해 전례 거행의 맥락에서 성 요셉이 지니는 역할을 확인한 것입니다.

경신성사성은 2013년 5월 1일에 프란치스코 교황의 승인을 받아 교령 〈아버지의 사랑으로$_{Paternas\ vices}$〉를 발표하면서 제2·3·4양식에서도 성모의 이름 다음에 "그 배필이신 성 요셉과"를 삽입하도록 하였습니다. 그리하여 새 한국어판 《로마 미사 경본》에도 이것이 반영되었습니다.

두 번째, 경신성사성의 결정에 따라, **감사 기도의 '성찬 제정과 축성문'** 중에서 성작을 들고 행하는 주님의 말씀 "너희는 모두 이것을 받아 마셔라. 이는 새롭고 영원한 계약을 맺는 내 피의 잔이니 죄를 사하여 주려고 너희와 모든 이를 위하여 흘릴 피다. 너희는 나를 기억하여 이를 행하여라." 가운데 **"모든 이를 위하여"**가 라틴어 본문에 충실하기 위해 **"많은 이를 위하여"**로 수정되었습니다. 곧, "너희는 모두 이것을 받아 마셔라. 이는 새롭고 영원한 계약을 맺는 내 피의 잔이니, 죄를 사하여 주려고 너희와 많은 이를 위하여 흘릴 피다. 너희는 나를 기억하여 이를 행하여라."로 개정된 것입니다. 이것은 성경 구절(이사 53,11-12; 마태 26,28; 마르 14,24 등 참조)에서 유래한 라틴어 본문인 "pro multis"를 '많은 이를 위하여'라고 직역한 것입니다. 이제까지 쓰였던 '모든 이를 위하여'를 뜻하는 라틴어는 'pro omnibus'이기 때문에 충실한 번역이라고 할 수 없었습니다.

경신성사성은 2006년 10월 17일에 모든 주교회의 의장들에게 회람을 발송했는데, 그 주요 내용은 아래와 같습니다.

1) 이미 인준받은 '모든 이를 위하여'라는 번역은 유효하다. 이것은 "pro multis"에 담겨 있는 주님의 의도를 올바로 해석한 것이다. 주님께서 온 인류를 위하여 십자가 위에서 수난하셨다는 것은 믿을 교리이다.
2) 그러나 다음과 같은 많은 이유로 "pro multis"를 더욱 정확히 번역해야 한다.
a) 축성 말씀이 유래한 여러 성경 본문에 실제로 나오는 표현은 'multi'이다. 이는 이사야서 53장 11-12절과 관련 있는 중요한 표현이며, 주님께서는 '많은 이'를 위하여 수난하시는 하느님의 종과 당신 자신을 동일시하셨다. 이것이 성찬 제정문에 받아들여질 때 'pro omnibus'가 될 가능성이 있었음에도 불구하고 여전히 'pro multis'로 남았음에 유의해야 한다. 오늘날 대다수의 성경도 이를 '많은 이를 위하여'라고 항구하게 번역하고 있다.
b) 로마 전례의 라틴어 전례문에서는 포도주에 대

한 축성에 항상 "pro multis"라고 했으며, "pro omnibus"라고 한 적은 한 번도 없다.

c) 동방 전례의 여러 감사 기도문들도 각각 자신의 언어에서 라틴어 "pro multis"와 등가를 이루는 표현을 유지하고 있다.

d) '많은 이를 위하여'는 "pro multis"의 충실한 번역으로서 그 안에 담겨 있는 모든 의미를 다 담아내고 있다. 반면에 '모든 이를 위하여'는 사실상 교리 교육의 영역에 속하는 설명이다.

e) '많은 이를 위하여'는 모든 사람을 다 포용하는 열려 있는 표현인 동시에, 구원이 개인의 원의나 참여 없이 기계적인 방식으로 이루어지는 것이 아님을 드러낸다. 믿는 이는 은총의 선물을 신앙으로 받아들이고 거기에 참여하여 초자연적 생명을 받도록 초대된다. 그리하여 그 신비와 하나 되어 끝까지 항구하게 살아가면서, 구원의 결실을 맺는 '많은 이'들 가운데 하나로 설 수 있게 된다.

f) 2001년에 반포된 전례문 번역에 관한 훈령 〈올바른 전례*Liturgiam authenticam*〉에 따라 표준판의 라틴어 원문을 더욱 충실하게 번역하는 데에 전력을 다해야 한다.*

경신성사성은 이러한 논거를 통하여, '모든 이를 위하여'라는 번역이 유효한 것이지만 '많은 이를 위하여'라는 번역이 더 정확하고 나은 번역이라고 결론지었습니다. 이에 따라 수행되어야 할 후속 조치들이 제시되었는데, 이는 다음 두 가지입니다. 우선 '모든 이를 위하여'로 번역된 미사 경본을 사용하는 지역 교회는 1~2년 안에 '많은 이를 위하여'로 개정된 미사 경본을 만들어야 합니다. 그리고 새 미사 경본이 마련되기까지는 이 점에 관하여 신자들에게 교리 교육을 실시해야 합니다. 이와 같은 이유로, 새 한국어판 《로마 미사 경본》의 축성 말씀 중 "pro vobis et pro multis"는 "너희와 많은 이를 위하여"로 번역됐습니다.

---

* 참조. F. Arinze, Littera circulare prot. n. 467/05/L, Notitiae 43 (2006) pp.441-458.

세 번째, 라틴어 본문에는 있었지만 지난 1996년 한국어판 〈미사 통상문〉을 개정하면서 **생략되었던 문구가 복원**되었습니다. 2016년 주교회의의 결정에 따라, 영성체 전 사제가 성체를 보여 주며 "하느님의 어린양, 세상의 죄를 없애시는 분이시니 이 성찬에 초대받은 이는 복되도다." 하는 선포 앞에 라틴어 본문에 충실하게 **"보라!Ecce"**를 넣었습니다. 이 초대문은 요한 세례자가 예수님을 하느님께서 인간 구원을 위해 보내 주신 어린양으로 선포하는 장면에서 유래했습니다. 이 초대문에서 '보라'는 봐야 한다는 행동 지시와 단순한 강조를 넘어선 표현입니다. "보라, 세상의 죄를 없애시는 하느님의 어린양이시다."(요한 1,29)라는 성경 구절에서 알 수 있듯이 성체가 바로 하느님의 어린양인 그리스도라는 선포이기도 합니다.

교우들의 응답도 바뀌었습니다. "주님, 제 안에……. **제가** 곧 나으리이다."라는 말 대신 "주님, 제 안에……. **제 영혼이**ánima mea 곧 나으리이다."라는 응답으로 라틴어 본문에 더욱 충실하게 바뀌었습니다.

핵심 정리

Q. 성찬 전례에서 달라지는 자세와 동작 지시문
A. 예물 기도 전 "교우들은 일어서서 응답한다."라고 하며 교우들이 일어서는 때를 명확하게 알려 주는 지시문이 추가

A. 영성체 직전 "보라! 하느님의 어린양"이라고 사제가 말할 때, "성체를 성반이나 성작 위에 조금 높이 받쳐 든다."라고 '성작'을 덧붙임

Q. 성찬 전례에서 달라지는 기도문
A. 감사 기도에서 성가정의 가장인 '성 요셉'을 삽입. 성모 다음에 "그 배필이신 성 요셉과"가 들어감

A. 감사 기도의 '성찬 제정과 축성문' 중에서 "모든 이를 위하여"가 "많은 이를 위하여"로 수정

A. 라틴어 본문에는 있었지만, 그동안 한국어판 〈미사 통상문〉에서는 삭제되었던 문구가 복원되어 "보라! 하느님의 어린양, 세상의 죄를 없애시는 분이시니 이 성찬에 초대받은 이는 복되도다."로 라틴어 본문에 충실하게 수정됨

A. 영성체에서 교우들의 응답이 "… 제가 곧 나으리이다."라는 응답 대신 "… 제 영혼이 곧 나으리이다."라고 바뀜

제4장

전례주년과 고유 전례력

✚ 인간의 시간에 하느님의 구원 사건을 배치한 전례주년

하느님은 인간의 시간에 개입하여 '뜻 깊은 시간'을 만드시고 역사적 사건인 성자의 십자가 희생을 통하여 인간을 구원하셨습니다. 하느님의 구원 사업을 계속하고 현재화하는 사명을 받은 교회는 한 해의 흐름 안에서 그리스도의 구원 업적을 경건하게 기념하고 경축하는 날을 정합니다. 제2차 바티칸 공의회에서는 중세를 거치면서 성모님과 성인들의 축일에 가려

져서 그 중요성이 약화되어 있던 주님의 부활을 기념하는 근본 축일인 '주일'과 '파스카 대축일'을 중심으로 전례주년을 개정하였습니다.

✚ 보편 전례력과 고유 전례력

교회는 전례주년에 따른 한 해의 전례 거행을 '전례력'에 정해 놓았습니다. 전례력에는 로마 전례를 따르는 전체 교회가 사용하는 '보편 전례력'과 어떤 지역 교회나 수도 공동체가 사용하는 '고유 전례력'이 있습니다. 보편 전례력에는 전례 거행의 전체 주기가 들어 있습니다. 곧 고유 시기에 지내는 구원 신비의 전례 거행, 보편적인 중요성을 지니기 때문에 모든 이가 의무적으로 지내야 하는 성인들의 전례 거행과 하느님의 백성에게 보편적이고 지속적인 성덕을 보여 주는 다른 성인들의 전례 거행이 들어 있습니다. 반면에 '고유 전례력'에는 지역 교회에서 고유한 특성을 지닌 전례 거행들이 들어 있습니다. 각 개별 교회와 수도 공동체들은 그들과 밀접한 관계가 있는 성인들을 특별히 공경해야 하기 때문입니다. 고유 전례력은 보편 주기와 조화를 이루도록 조정되어 있습니다.

제2차 바티칸 공의회의 전례 쇄신에 따른 "전례주년과 전례력에 관한 일반 규범"을 더욱더 정확하게 적용하면서 **새 한국어판 《로마 미사 경본》에서는 한국 천주교회의 고유 전례력이 바뀝니다.** 어떤 축일은 등급이 조정되고 어떤 축일은 아예 신심으로 전환되었습니다.

✚ 한국 천주교회의 고유 전례력은
무염 시태 성모님을 주보로 모시면서 시작합니다

제2대 조선대목구장 앵베르 주교가 1837년 12월 31일에 조선에 입국함으로써 35년간 목자가 없던 한국 천주교회는 주교와 사제들을 모시는 기쁨을 누리게 되었습니다. 앵베르 주교는 조선에 입국한 지 1년이 거의 다 되어, 1838년 12월 1일에 로마 포교성 장관에게 그동안에 일어난 일들을 파악하여 보고하면서 원죄 없이 잉태되신 성모님을 조선대목구의 주보로 정해 달라고 청원하였습니다.

당시 교황이었던 그레고리오 16세 교황은 그 전까지 북경 교구와 함께 주보로 모셨던 요셉 성인과 함께 원죄 없이 잉태되신 성모님을 조선대목구의 주보로 모시도록 허락합니다(1841년 8월 22일).

이후, 조선에 파견된 선교사들은 성모의 무염 시태 신앙을 전파하기 위하여 원죄 없으신 성모님의 도우심으로 교회가 날로 발전하기를 바라는 신심 운동을 펼쳐 나갔습니다. 그래서 1846년 11월 2일 무염 시태 성모를 따르는 성모 성심회가 창설되었습니다. 이는 교회가 1854년 12월 8일에 성모의 무염 시태 교리를 믿을 교리로 선포하기도 전이었습니다.

제8대 조선대목구장 뮈텔 주교는 1876년 7월 2일 루르드에 건립된 성당이 축성될 때에 제6대 조선대목구장인 리델 주교가 이 성당 중앙 왼쪽 벽에 한국어와 라틴어로 석판에 글자를 새겨 놓았다는 것을 알게 되었습니다. 여기에는 조선의 선교사들이 무사히 항해하여 도착한 일을 기념하고 감사하기 위하여 비석을 세웠다는 글귀가 기록되어 있었습니다. 그래서 그는 1898년 5월 29일 조선대목구 주교좌성당이며 두 번째 고딕 성당(최초의 고딕 성당은 약현 성당)인 서울 종현 성당(현재 명동 성당)에 조선 교회의 주보인 원죄 없이 잉태되신 성모님을 종현 성당의 주보로 모시는 축성식을 거행했습니다.

✛ 한국 천주교회의 고유 전례력은
복자와 성인, 그리고 공공 생활과 관련되어 있습니다

한국 천주교회의 고유 전례력으로 우선 떠올릴 수 있는 날은 복자 기념일입니다. 잊을 수 없는 날인 2014년 8월 16일, 예외적으로 프란치스코 교황은 로마가 아닌 현지인 한국을 직접 방문하여 '윤지충 바오로와 동료 순교자 123위 시복 미사'를 주례하였습니다. 그리고 이때 시복된 복자들을 기억하며 한국 천주교회는 **5월 29일 '복자 윤지충 바오로와 동료 순교자들' 기념일**을 지냅니다.

1984년에 요한 바오로 2세 교황이 주례한 시성 미

사를 통하여 성인이 된 103위를 기억하며 **9월 20일에 '성 김대건 안드레아 사제와 성 정하상 바오로와 동료 순교자들 대축일'**을 지냅니다. 반면에 그동안 **7월 5일에 지내던 '한국 성직자들의 수호자 성 김대건 안드레아 사제 순교자' 대축일**은 같은 성인을 중복하여 기념할 수 없다는 규정에 따라 **신심으로 바뀝니다.**

앞에서 언급한 **12월 8일**에는 **'한국 교회의 수호자, 원죄 없이 잉태되신 복되신 동정 마리아 대축일'**을 지냅니다. 반면에 **3월 19일**에 지내 온 **'한국 교회의 공동 수호자 동정 마리아의 배필 성 요셉 대축일'**은 '한국 교회의 공동 수호자'라는 부분을 삭제하고 '복되신'을 넣어 **'복되신 동정 마리아의 배필 성 요셉 대축일'로 수정**됩니다. 이는 이제까지 최초로 조선에 입국해 선교 활동을 한 외국인 사제 주문모 신부가 속한 북경 교구의 주보인 '성 요셉'을 '원죄 없이 잉태되신 동정 마리아'와 함께 공동 수호자로 공경하여 오다가, 2016년부터는 '원죄 없이 잉태되신 복되신 동정 마리아'만을 단독 수호자로 공경하기로 했기 때문입니다.

1927년 비오 11세 교황이 '**아기 예수의 데레사 성녀**'(10월 1일)와 '**프란치스코 하비에르 성인**'(12월 3일)을 '가톨릭 선교 활동의 수호성인'으로 선포하였습니다. 이에 포교성성(현, 인류복음화성)에서 관할하는 선교지에서는 두 분을 기억하고 기도하기 위해 10월 1일, 12월 3일을 대축일로 지냈습니다. 그러나 제2차 바티칸 공의회의 개정된 '전례력'에 따라 이제는 더 이상 그렇게 할 필요가 없음을 교황청 경신성사성에서 최근에 확인해 주었습니다. 그래서 앞으로는 이분들의 축일을 '대축일'이 아니라 보편 전례력에서 제시한 '**기념일**'로 **지내게 되며 '선교의 수호자'라는 칭호도 삭제**됩니다.

한국 고유 명절과 관련된 기념일도 있지요. 1) 설(음력 1월 1일), 2) 민족의 화해와 일치를 위한 기도의 날(6월 25일), 3) 한가위(음력 8월 15일) 등입니다. 이러한 날은 이제까지 주일에도 기념했지만 주님의 날인 주일이 더 중요하기에 이제는 주일에 미사를 드릴 수 없게 되었습니다. 기도문은 기원 미사에서 해당되는 기도문을 선택해야 하고, 사제는 흰색 제의를 착용해야 하지요.

✛ 한국의 의무 대축일

- 주님 성탄 대축일(12월 25일)
- 천주의 성모 마리아 대축일(1월 1일)
- 주님 공현 대축일(한국에서는 1월 2~8일 사이 주일)
- 주님 부활 대축일
- 주님 승천 대축일
- 성령 강림 대축일
- 지극히 거룩하신 삼위일체 대축일
- 지극히 거룩하신 그리스도의 성체 성혈 대축일
- 성모 승천 대축일(8월 15일)
- 온 누리의 임금이신 우리 주 예수 그리스도 왕 대축일(연중 마지막 주일)

우리나라에서는 주일 이외에 꼭 참석해야 하는 의무 대축일이 있는 반면, 대축일이지만 의무에 속하지 않는 '원죄 없이 잉태되신 복되신 동정 마리아 대축일'(12월 8일), '복되신 동정 마리아의 배필 성 요셉 대축일'(3월 19일), '성 베드로와 성 바오로 사도 대축일'(6월

29일), '모든 성인 대축일'(11월 1일)이 있습니다. 곧 의무 대축일은 우리의 구원과 연결된 예수 그리스도의 강생 신비와 파스카 신비를 기념하는 날이라고 할 수 있습니다.

✚ 신심 · 예식 · 기원 · 장례 미사가 금지된다는 의미

의무 대축일과 대림 · 사순 · 부활 시기의 주일, 파스카 성삼일, 성주간 목요일에는 신심 · 예식 · 기원 · 장례 미사가 금지됩니다. 이러한 금지의 의미는 전례문 사용에 관한 것입니다. 예를 들어, 장례 미사 금지는 죽은 이를 위한 미사 전례문을 사용하지 말라는 것으로, 미사 때에 죽은 이를 위한 지향을 두지 말라거나 장례 예식을 미사 중에 거행할 수 없다는 뜻이 아닙니다. 그래서 장례 미사가 금지된 날에는, 전례력에 따른 그날의 미사 전례문으로 미사를 드려야 하지만, 권고와 강론, 보편 지향 기도 등을 통하여 죽은 이를 기억하며 미사 때에 적절하게 장례 예식을 거행할 수 있습니다.

핵심 정리

Q. 새 한국어판 《로마 미사 경본》에서 바뀌는 전례주년
A. 한국 천주교회의 고유 전례력에서 어떤 축일은 등급이 조정되고, 어떤 축일은 신심으로 전환됨

Q. 한국 천주교회의 공동 수호자가 삭제된 이유
A. 2016년 한국 천주교 주교회의에서 '원죄 없이 잉태되신 복되신 동정 마리아'를 단독 수호자로 결정

Q. 신심 · 예식 · 기원 · 장례 미사를 금지한다고 나왔을 때
A. 전례력에 따른 그날의 미사 전례문으로 미사를 드려야 한다는 것이지만, 권고와 강론, 보편 지향 기도 등을 통하여 신심 · 예식 · 기원 · 장례 미사의 지향을 둘 수 있으며 미사 때에 적절하게 예식을 거행할 수 있음

제5장

새 한국어판 《로마 미사 경본》의 의의

✚ 오랜 작업의 결과인 새 한국어판 《로마 미사 경본》

제2차 바티칸 공의회의 교회 쇄신을 위한 '원천으로의 회복Ad fons'과 '현대화Aggiornamento'라는 노선에 따라 이루어진 전례 개혁은 신자들이 전례에 의식적이고 완전하며 능동적으로 참여하게 하려는 목적에서 이루어졌습니다. 이에 따라 《로마 미사 경본》을 한국어로 올바르게 번역하는 데에 오랜 시간과 노력이 들었습니다.

1987년 주교회의 가을 총회의 결정으로 〈미사 통

상문〉 개정 작업에 착수하여 8년여 만인 1995년 3월에 개정 확정되었습니다. 그 이후로, 신학적 번역상의 문제점으로 지적되었던 전례 용어들을 바로 잡기 시작했습니다. 주교회의 전례위원회는 다음과 같은 여섯 가지 원칙을 가지고 번역 작업을 했습니다.

첫 번째, 성체성사의 본질이 분명하게 드러나도록 로마 미사 경본 원문의 정확한 번역에 힘쓴다.

두 번째, 고어풍의 어휘는 되도록 쉬운 우리말로 바꾼다.

세 번째, 종래 서양식 표현법을 직역하여 쓰던 것을 되도록 우리말 표현법으로 부드럽게 한다.

네 번째, 하느님에 대한 존칭어 등을 우리 고유의 예법에 맞게 시정한다.

다섯 번째, 미사 전례의 각 부분이 갖는 고유한 의미와 특징이 잘 드러나도록 각 부분의 제목을 표기하고 동작 해설도 전부 우리말로 번역한다.

여섯 번째, 미사 경문을 노래할 수 있도록 작곡에 무리를 주는 것을 피하도록 한다.

그 결과로 '주여'를 '주님'으로, '우리'를 '저희'로, '그리스도여'를 '그리스도님'으로, '천주'를 '하느님'으로 바로잡고, '고성소'를 '저승'으로, '공번된'을 '보편된'으로 고쳤으며, '주의 기도'를 제외한 '기리에', '사도 신경', '성찬 기도', '아뉴스 데이' 등의 모든 부분을 손질했습니다. 그리고 2016년에 《로마 미사 경본》 한국어판이 교황청의 인가를 받아 2017년 출판을 하게 되었습니다.

✚ 한국어 번역의 아쉬움

거의 30년에 걸친 작업을 하여 나온 결과물임에도 불구하고 여전히 아쉬움이 남습니다. 그중 하나는 아직도 라틴어 원문 그대로를 직역하지 않고 이해하기 쉽게 의역하는 바람에 신학적 의미가 정확히 반영되지 못한 부분에 관한 것입니다.

전례문 대부분은 성경 구절에서 유래했습니다. 그런데 성경 구절 그대로가 아니라 좀 더 편한 이해를 돕는 의역을 하다 보니 원전의 신학적 의미가 반감되

거나 상실되는 경우가 생겼습니다.

두 가지 예를 들어보겠습니다. 하나는 감사 기도 제2양식에서 축성을 위한 성령 청원을 하는 부분으로 '성령의 힘으로' 번역되어 있는데, 라틴어 원문은 'Spíritus tui rore' 즉, '이슬 같은 당신 성령'입니다. 원문은 죽은 것들을 되살리는 하느님의 능력을 이슬에 비유한 "당신의 이슬은 빛의 이슬이기에 땅은 그림자들을 다시 살려 출산하리이다."(이사 26,19)와 구원을 위한 의로움을 싹트게 하시는 하느님의 능력을 이슬에 비유한 "하늘아, 위에서 이슬을 내려라."(이사 45,8)를 연상시킵니다. 하느님께서 보내신 성령이 '위에서 내려오고' 또한 '생명력을 주는 능력'이 있음을 '이슬'로 드러내는데, 그것을 단순한 능력인 '힘'으로 번역하였습니다.

다른 하나는 영성체 바로 직전에 사제가 성체를 들고, "보라, 하느님의 어린양, 세상의 죄를 없애시는 분이시니 이 성찬에 초대받은 이는 복되도다."라고 하면 교우들이 응답하는 부분입니다. "주님, 제 안에 주님을 모시기에 합당치 않사오나 한 말씀만 하소서. 제 영혼이 곧 나으리이다."라고 하는 이 응답은 예수께 자신의 종을 낫게 해 달라고 청한 가파르나움의 백부장의 신앙 고백입니다(마태 8,8 참조). 이 고백을 기도문에서는 한 단어인 '제 하인'을 '제 영혼'으로 바꾸었을 뿐입니다. 현재, 번역문에서 문제가 되는 부분이 성경에서는 '제 지붕 아래로'라고 되어 있고, 라틴어 원문에도 'sub téctum meum'이라고 되어 있는데, '제 안에'라고 의역함으로써 전례문과 성경의 연관성을 약화시켰습니다.

이렇듯 이해를 쉽게 돕는다는 취지의 의역이 오히려 특이한 전례문의 전통적인 표현에 대한 질문을 하지 못하게 할 뿐 아니라 성경에서 유래한 원천적 의미를 감소시키는 결과를 초래합니다.

특히 〈미사 통상문〉 번역 원칙 중에 있는 '하느님에 대한 존칭어 등을 우리 고유의 예법에 맞게 시정한다.'는 사항이 지나치게 적용되어 하느님을 대함에 있어서 격식을 차리지 않고 가까이 가면 안 되는 분처럼 여기게끔 만들어졌습니다.

하느님에 대한 존칭어를 한국어 예법에 맞게 시정한다는 원칙이 한편으로는 성자께서 인간이 되시어 우리와 함께 계시고 당신을 따르는 이들을 '벗'(루카 12,4 참조)이라고 부르시며 성부를 '하늘에 계신 아버지'(마태 6,9 참조)라고 부르게 하신 예수님의 육화 신비를 희석시키는 것은 아닐까라는 의구심이 생깁니다. 그리고 라틴어에 분명히 존칭어법이 있음에도 불구하고 전례문에서는 2인칭 단수 주격과 호격을 사용하여 삼위일체 하느님과의 친근한 관계를 표현한 의미가 사라진 듯합니다. 한국인 심성과 삶의 태도에 깊이 자리잡은 한국의 유교 전통이 한국어 예법이라는 매개를 통하여 라틴 전례의 전통보다 앞서서 번역의 중심이 된 것은 아닌가라는 생각이 듭니다.

✚ 전례에 대한 지역 교회의 적응

《로마 미사 경본》의 제3표준 수정판 앞부분에 수록된 총지침에는 새롭게 제9장 '주교와 주교회의가 관할하는 적응'이 추가되었습니다. 로마 전례의 본질적인 통일성을 유지하면서도 미사 경본에 구체적으로 제시되지 않은 적응들을 영적 유익을 위하여 지역 교회의 주교회의가 받아들일 수 있도록 하는 지침들을 마련한 것입니다. 곧 《로마 미사 경본》을 사목적 필요에 알맞게 적응하는 길을 제시한 것입니다.

제9장에서는 지역 교회의 모든 신자가 성찬례 거행에 의식적이고 능동적이며 완전히 참여할 수 있도록 지역 교회의 문화를 고려하여 공동 집전, 제대에서 사제를 돕는 임무, 양형 영성체 분배, 성당 건축과 배치에 관한 규범 등을 교구장 주교가 총지침의 원칙에 따라 제정할 수 있도록 하였습니다. 또한 주교회의는 그 지역의 공인된 언어로 《로마 미사 경본》의 출판을 준비하고 승인할 권한이 있으며 사도좌의 추인을 받아 사용할 수 있음을 밝히고 있습니다.

새 한국어판 《로마 미사 경본》은 되도록 라틴어 원문에 충실하려고 노력하였으나 아직도 미흡한 번역 내용과 토착화의 부족 등이 아쉬움으로 남습니다. 그러나 로마 전례를 따르는 모든 가톨릭교회가 각기 다른 언어로 하나의 신앙을 고백하며 전례에 현존하시는 그리스도와 함께 구원 사건을 기억하고 하느님을 찬미 찬양한다는 사실은 마음을 설레게 합니다.

이번 새 한국어판 《로마 미사 경본》을 통하여 외적 예식의 통일과 지역의 적응이 어느 정도 이루어졌다면 이제는 내적·영적 일치가 전례를 통해서 이루어져야 할 것입니다. 태초부터 인간과 함께하신 성령이 전례에서도 여러분 모두와 함께하시어 그리스도의 향기를 내는 주님의 참된 제자로 살아갈 수 있는 힘이 되어 주시길 기도합니다.

부록

새 〈미사 통상문〉에서 변경된 주요 전례문과 동작 지시문

위치	1996년 미사 통상문	2017년 미사 통상문
시작 예식	㉮ ✚ "사랑을 베푸시는 하느님 아버지와 은총을 내리시는 우리 주 예수 그리스도와 일치를 이루시는 성령께서 여러분과 함께."	㉮ ✚ **"우리 주 예수 그리스도의 은총과 하느님의 사랑과 성령의 친교가 여러분 모두와 함께."**
	㉯ ✚ "은총과 평화를 내리시는 하느님 아버지와 주 예수 그리스도께서 여러분과 함께."	㉯ ✚ **"하느님 우리 아버지와 주 예수 그리스도께서 내리시는 은총과 평화가 여러분과 함께."**
	◎ "우리 주 예수 그리스도의 아버지, 하느님은 찬미받으소서."	◎ **"또한 사제의 영과 함께."**
	"또한 사제와 함께."	"또한 사제의 **영과** 함께."

위치	1996년 미사 통상문	2017년 미사 통상문
말씀 전례	(복음 선포 전 부제에게 행하는 주례자의 축복문) "주님께서 그대와 함께 계시어…"	(복음 선포 전 부제에게 행하는 주례자의 축복문) "주님께서 그대의 **마음과 입술에** 머무시어…"
	언급 없음	니케아-콘스탄티노폴리스 신경 대신에, 특히 사순 시기와 부활 시기에는, 이른바 사도 신경 곧 로마 교회의 세례 신경을 바칠 수 있다.
성찬 전례	감사 기도 제1양식에만 "그 배필이신 성 요셉과"가 있음	감사 기도 제2,3,4양식에도 "그 배필이신 성 요셉과"를 삽입
	(감사 기도에서 포도주에 대한 축성문) "…모든 이를 위하여…"	(감사 기도에서 포도주에 대한 축성문) "…**많은 이를** 위하여…"
	(주님의 기도 권고문) "하느님의 자녀 되어, 구세주의 분부대로 삼가 아뢰오니" 또는 **"주님께서 친히 가르쳐 주신 기도를 다 함께 정성 들여 바칩시다."**	(주님의 기도 권고문) "하느님의 자녀 되어, 구세주의 분부대로 삼가 아뢰오니" - 하나만 사용
	…성체를 성반에 받쳐 들어 올리고, 교우들을 향하여 크게 말한다.	…성체를 성반이나 **성작 위에** 조금 높이 받쳐 들고, 교우들을 향하여 분명한 목소리로 말한다.

위치	1996년 미사 통상문	2017년 미사 통상문
성찬 전례	"하느님의 어린양, 세상의 죄를…"	"**보라!** 하느님의 어린양, 세상의 죄를…"
	"주님, 제 안에 주님을 모시기에… **제가** 곧 나으리이다."	"주님, 제 안에 주님을 모시기에… **제 영혼이** 곧 나으리이다."
마침 예식	(파견) "**주님과 함께 가서 복음을 실천합시다.**" "**가서 그리스도의 평화를 나눕시다.**" "**주님을 찬미합시다.**"	(파견) "**평화로이 가서 주님을 찬양하며 삽시다.**" "**미사가 끝났으니 평화로이 가십시오.**"

전례력의 변경 사항

변경 사항	이전	2017년 《로마 미사 경본》
명칭 변경	삼위일체 대축일	**지극히 거룩하신** 삼위일체 대축일
	그리스도의 성체 성혈 대축일	**지극히 거룩하신** 그리스도의 성체 성혈 대축일
	예수 성심 대축일	**지극히 거룩하신** 예수 성심 대축일
	그리스도 왕 대축일	**온 누리의 임금이신 우리 주 예수** 그리스도 왕 대축일
	위령의 날	**죽은 모든 이를 기억하는** 위령의 날
	예수 성탄 대축일	**주님** 성탄 대축일
	예수 부활 대축일	**주님** 부활 대축일
	한국 교회의 공동 수호자 동정 마리아의 배필 성 요셉 대축일	**복되신** 동정 마리아의 배필 성 요셉 대축일
	동정 마리아 탄생 축일	**복되신** 동정 마리아 탄생 축일
	동정 마리아 모후 기념일	**복되신** 동정 마리아 모후 기념일
명칭 삭제 및 등급 조정	아기 예수의 성녀 데레사 동정 학자 **(선교의 수호자) 대축일**	아기 예수의 성녀 데레사 동정 학자 **기념일**
	성 프란치스코 하비에르 사제 **(선교의 수호자) 대축일**	성 프란치스코 하비에르 사제 **기념일**
등급 조정	한국 성직자들의 수호자 성 김대건 안드레아 사제 순교자 **대축일**	한국 성직자들의 수호자 성 김대건 안드레아 사제 순교자 **신심**

새 〈미사 통상문〉

시작 예식

입당

1. 교우들이 모인 다음, 사제는 봉사자들과 함께 제대로 나아간다. 교우들은 그동안 입당 노래를 한다. 제대 앞에 이르러 사제는 봉사자들과 함께 제대에 깊은 절을 하고, 제대에 서서 고개를 숙여 경건하게 절한 다음, 경우에 따라 십자가와 제대에 분향한다. 그다음에 봉사자들과 함께 자리로 간다. 입당 노래가 끝나면 사제와 신자들은 서서 십자 성호를 긋는다. 사제는 성호를 그으며 교우들을 바라보고 말한다.

✚ 성부와 성자와 성령의 이름으로.

교우들은 응답한다.

◎ 아멘.

인사

2. 이어서 사제는 팔을 벌리며 교우들에게 인사한다.

✚ 우리 주 예수 그리스도의 은총과 하느님의 사랑과 성령의 친교가 여러분 모두와 함께.

또는

✚ 하느님 우리 아버지와 주 예수 그리스도께서 내리시는 은총과 평화가 여러분과 함께.

또는

✚ 주님께서 여러분과 함께.

교우들은 응답한다.

◎ 또한 사제의 영과 함께.

주교는 주님께서 여러분과 함께. 대신에 첫인사로 이렇게 말한다.

✚ 평화가 여러분과 함께.

3. 사제나 부제 또는 다른 봉사자는 그날 미사의 뜻을 신자들에게 짤막하게 풀이할 수 있다.

참회**

4. 그다음에 참회 예식이 이어진다. 사제는 신자들을 참회하도록 이끈다.

+ 형제 여러분, 구원의 신비를 합당하게 거행하기 위하여
 우리 죄를 반성합시다.

   잠깐 침묵한다. 그다음에 모두 함께 고백 기도를 바친다.

+ 전능하신 하느님과

◎ 형제들에게 고백하오니
 생각과 말과 행위로 죄를 많이 지었으며
 자주 의무를 소홀히 하였나이다.

   가슴을 치며 말한다.

   제 탓이요, 제 탓이요, 저의 큰 탓이옵니다.

   이어서 계속한다.

   그러므로 간절히 바라오니 평생 동정이신
 성모 마리아와 모든 천사와 성인과 형제들은
 저를 위하여 하느님께 빌어 주소서.

   사제의 사죄가 이어진다.

+ 전능하신 하느님, 저희에게 자비를 베푸시어
 죄를 용서하시고 영원한 생명으로 이끌어 주소서.

   교우들은 응답한다.

◎ 아멘.

또는 5. 사제는 신자들을 참회하도록 이끈다.

+ 형제 여러분, 구원의 신비를 합당하게 거행하기 위하여
 우리 죄를 반성합시다.

** 주일, 특히 부활 시기 주일 미사에서는 보통으로 하는 참회 예식 대신에 세례를 기억하는 성수 예식을 할 수 있다.

잠깐 침묵한다. 그다음에 사제는 기도한다.
+ 주님, 저희를 불쌍히 여기소서.
교우들은 응답한다.
◎ 저희는 주님께 죄를 지었나이다.
+ 주님, 저희에게 자비를 베푸소서.
◎ 또한 저희를 구원하여 주소서.
사제의 사죄가 이어진다.
+ 전능하신 하느님, 저희에게 자비를 베푸시어
죄를 용서하시고 영원한 생명으로 이끌어 주소서.
교우들은 응답한다.
◎ 아멘.

또는 6. 사제는 신자들을 참회하도록 이끈다.
+ 형제 여러분, 구원의 신비를 합당하게 거행하기 위하여
우리 죄를 반성합시다.
잠깐 침묵한다.
그다음에 사제나 부제 또는 다른 봉사자가 자비송과 함께 하는 아래의 기도를 바친다. 이 기도는 그날의 전례나 축일에 맞게 바꿀 수 있다.
+ 진심으로 뉘우치는 사람을 용서하러 오신 주님,
자비를 베푸소서.
◎ 주님, 자비를 베푸소서.
+ 죄인을 부르러 오신 그리스도님, 자비를 베푸소서.
◎ 그리스도님, 자비를 베푸소서.
+ 성부 오른편에 중개자로 계신 주님, 자비를 베푸소서.
◎ 주님, 자비를 베푸소서.
사제의 사죄가 이어진다.

＋ 전능하신 하느님, 저희에게 자비를 베푸시어
  죄를 용서하시고 영원한 생명으로 이끌어 주소서.
  교우들은 응답한다.
◎ 아멘.

자비송

7. 앞의 참회 예식에서 자비송을 바치지 않았으면 이때 바친다.
＋ 주님, 자비를 베푸소서.　　◎ 주님, 자비를 베푸소서.
＋ 그리스도님, 자비를 베푸소서.
◎ 그리스도님, 자비를 베푸소서.
＋ 주님, 자비를 베푸소서.　　◎ 주님, 자비를 베푸소서.
　또는
＋ 키리에, 엘레이손.　　　　◎ 키리에, 엘레이손.
＋ 크리스테, 엘레이손.　　　◎ 크리스테, 엘레이손.
＋ 키리에, 엘레이손.　　　　◎ 키리에, 엘레이손.

대영광송

8. 이어서 정해진 때에는 대영광송을 노래하거나 낭송한다.
＋ 하늘 높은 데서는 하느님께 영광.
○ 땅에서는 주님께서 사랑하시는 사람들에게 평화.
● 주 하느님, 하늘의 임금님
○ 전능하신 아버지 하느님
● 주님을 기리나이다, 찬미하나이다.
○ 주님을 흠숭하나이다, 찬양하나이다.
● 주님 영광 크시오니 감사하나이다.
○ 외아들 주 예수 그리스도님

- 주 하느님, 성부의 아드님
○ 하느님의 어린양
- 세상의 죄를 없애시는 주님, 저희에게 자비를 베푸소서.
○ 세상의 죄를 없애시는 주님, 저희의 기도를 들어주소서.
- 성부 오른편에 앉아 계신 주님,
  저희에게 자비를 베푸소서.
◎ 홀로 거룩하시고, 홀로 주님이시며,
  홀로 높으신 예수 그리스도님
  성령과 함께 아버지 하느님의 영광 안에 계시나이다.
  아멘.

본기도

9. 대영광송이 끝나면 사제는 손을 모으고 말한다.
+ 기도합시다.
  모두 사제와 함께 잠깐 침묵하며 기도한다. 이어서 사제는 팔을 벌리고 본기도를 바친다. 기도가 끝나면 교우들은 환호한다.
◎ 아멘.

말씀 전례

제1독서

10. 이어서 독서자는 독서대로 가서 제1독서를 봉독한다. 모두 앉아서 경건히 듣는다. 봉독 끝에 독서자는 아래와 같이 환호한다.
○ 주님의 말씀입니다.
  모두 응답한다.
◎ 하느님, 감사합니다.

화답송

11. 시편 담당자나 선창자는 시편을 노래하거나 낭송하며, 교우들은 후렴으로 응답한다.

제2독서

12. 제2독서가 있을 때에는 독서자가 독서대로 가서 제1독서 때와 같이 봉독한다. 봉독 끝에 독서자는 아래와 같이 환호한다.

○ 주님의 말씀입니다.

모두 응답한다.

◎ 하느님, 감사합니다.

복음 환호송

13. 이어서 전례 시기가 요구하는 대로, 예식 규정에 따라 **알렐루야**나 복음 전 노래를 한다. 알렐루야를 하지 않는 시기에는 아래의 환호 가운데 하나를 할 수 있다.

◎ 그리스도님, 찬미와 영광 받으소서.

또는

◎ 말씀이신 그리스도님, 찬미받으소서.

또는

◎ 길이요 진리요 생명이신 그리스도님, 찬미받으소서.

14. 향을 쓸 때에는 그동안에 사제가 향로에 향을 넣는다. 그다음에 복음을 봉독할 부제는 사제 앞에 나아가 깊은 절을 하고 조용히 축복을 청한다.

○ 축복하여 주십시오.

사제는 조용히 말한다.

+ 주님께서 그대의 마음과 입술에 머무시어
 그대가 복음을 합당하고 충실하게 선포하기를 빕니다.
 성부와 ✠ 성자와 성령의 이름으로.

부제는 십자 성호를 그으며 응답한다.

◎ 아멘.

부제가 없으면, 사제가 제대에서 허리를 굽히고 속으로 기도한다.

+ 전능하신 하느님, 제 마음과 입술을 깨끗하게 하시어
 합당하게 주님의 복음을 선포하게 하소서.

복음

15. 그다음에 부제나 사제는, 경우에 따라 향로와 촛불을 든 봉사자들과 함께 독서대로 가서 말한다.

+ 주님께서 여러분과 함께.

   교우들은 응답한다.

◎ 또한 사제(부제)의 영과 함께.

   부제 또는 사제가 말한다.

+ (   )가(이) 전한 거룩한 복음입니다.

   이렇게 말하며 책과 이마와 입술과 가슴에 십자 표시를 한다. 다른 모든 이도 이마와 입술과 가슴에 십자 표시를 한다. 교우들은 환호한다.

◎ 주님, 영광받으소서.

   향을 쓸 때에는 부제나 사제가 이때 책에 분향하고 복음을 선포한다.

16. 복음 봉독 끝에 부제나 사제가 환호한다.

+ 주님의 말씀입니다.

   모두 응답한다.

◎ 그리스도님, 찬미합니다.

   이어서 부제나 사제는 책에 고개를 숙여 경건하게 절하면서 속으로 말한다.

+ 이 복음의 말씀으로 저희 죄를 씻어 주소서.

강론

17. 이어서 강론을 한다. 사제나 부제는 모든 주일과 의무 축일에 강론을 해야 한다. 다른 날에도 강론하는 것이 바람직하다.

신앙 고백

18. 강론이 끝나면, 규정에 따라 신앙 고백 곧 신경을 노래하거나 낭송한다.

+ 한 분이신 하느님을
◎ 저는 믿나이다.
   전능하신 아버지, 하늘과 땅과 유형무형한
   만물의 창조주를 믿나이다.

또한 한 분이신 주 예수 그리스도, 하느님의 외아들
영원으로부터 성부에게서 나신 분을 믿나이다.
하느님에게서 나신 하느님, 빛에서 나신 빛
참하느님에게서 나신 참하느님으로서,
창조되지 않고 나시어
성부와 한 본체로서 만물을 창조하셨음을 믿나이다.
성자께서는 저희 인간을 위하여, 저희 구원을 위하여
하늘에서 내려오셨음을 믿나이다.

밑줄 부분에서 모두 깊은 절을 한다.

또한 성령으로 인하여 동정 마리아에게서 육신을
취하시어 사람이 되셨음을 믿나이다.
본시오 빌라도 통치 아래서 저희를 위하여
십자가에 못 박혀 수난하고 묻히셨으며
성서 말씀대로 사흗날에 부활하시어
하늘에 올라 성부 오른편에 앉아 계심을 믿나이다.
그분께서는 산 이와 죽은 이를 심판하러
영광 속에 다시 오시리니
그분의 나라는 끝이 없으리이다.
또한 주님이시며 생명을 주시는 성령을 믿나이다.
성령께서는 성부와 성자에게서 발하시고
성부와 성자와 더불어 영광과 흠숭을 받으시며
예언자들을 통하여 말씀하셨나이다.
하나이고 거룩하고 보편되며
사도로부터 이어 오는 교회를 믿나이다.

죄를 씻는 유일한 세례를 믿으며
죽은 이들의 부활과 내세의 삶을 기다리나이다.
아멘.

19. 니케아 – 콘스탄티노폴리스 신경 대신에, 특히 사순 시기와 부활 시기에는, 이른바 사도 신경 곧 로마 교회의 세례 신경을 바칠 수 있다.

+ 전능하신 천주 성부
◎ 천지의 창조주를 저는 믿나이다.
그 외아들 우리 주 예수 그리스도님
<small>밑줄 부분에서 모두 깊은 절을 한다.</small>
<u>성령으로 인하여 동정 마리아께 잉태되어 나시고</u>
본시오 빌라도 통치 아래서 고난을 받으시고
십자가에 못 박혀 돌아가시고 묻히셨으며
저승에 가시어 사흘날에 죽은 이들 가운데서
부활하시고 하늘에 올라 전능하신 천주 성부 오른편에
앉으시며 그리로부터 산 이와 죽은 이를 심판하러
오시리라 믿나이다. 성령을 믿으며
거룩하고 보편된 교회와 모든 성인의 통공을 믿으며
죄의 용서와 육신의 부활을 믿으며
영원한 삶을 믿나이다.
아멘.

보편 지향 기도

20. 그다음에 보편 지향 기도 곧 신자들의 기도를 바친다.

성찬 전례

제대와 예물 준비

21. 신경과 보편 지향 기도가 끝나면, 봉헌 노래를 시작한다. 그동안 봉사자들은 성체포, 성작 수건, 성작, 성작 덮개, 미사 경본을 제대 위에 놓는다.
22. 신자들은 미사 거행에 필요한 빵과 포도주를 봉헌하며 가난한 이들을 돕고 교회에 필요한 예물도 바치는 것이 좋다. 이렇게 신자들은 봉헌에 참여한다.

예물 준비 기도

23. 사제는 제대에 가서 빵이 담긴 성반을 두 손으로 제대 위에 조금 높이 받쳐 들고 조용히 기도한다.

✚ 온 누리의 주 하느님, 찬미받으소서.
 주님의 너그러우신 은혜로
 저희가 땅을 일구어 얻은 이 빵을 주님께 바치오니
 생명의 양식이 되게 하소서.

사제는 빵이 담긴 성반을 성체포 위에 내려놓는다.
봉헌 노래를 부르지 않는다면 사제는 이 기도를 큰 목소리로 바칠 수 있다. 그 끝에 교우들은 환호할 수 있다.

◎ 하느님, 길이 찬미받으소서.

24. 부제나 사제는 성작에 포도주를 붓고 물을 조금 따르면서 속으로 기도한다.

✚ 이 물과 술이 하나 되듯이
 인성을 취하신 그리스도의 신성에
 저희도 참여하게 하소서.

25. 이어서 사제는 두 손으로 성작을 제대 위에 조금 높이 받쳐 들고 조용히 기도한다.

✚ 온 누리의 주 하느님, 찬미받으소서.
 주님의 너그러우신 은혜로
 저희가 포도를 가꾸어 얻은 이 술을 주님께 바치오니
 구원의 음료가 되게 하소서.

사제는 성작을 성체포 위에 내려놓는다.

봉헌 노래를 부르지 않는다면 사제는 이 기도를 큰 목소리로 바칠 수 있다. 그 끝에 교우들은 환호할 수 있다.

◎ 하느님, 길이 찬미받으소서.

26. 그다음에 사제는 허리를 굽히고 속으로 기도한다.

+ 주 하느님, 진심으로 뉘우치는 저희를 굽어보시어
  오늘 저희가 바치는 이 제사를 너그러이 받아들이소서.

27. 경우에 따라 사제는 예물과 십자가와 제대에 분향한다. 그다음에 부제나 다른 봉사자가 사제와 교우들에게 분향한다.

28. 이어서 사제는 제대 한쪽으로 가서 손을 씻으며 속으로 기도한다.

+ 주님, 제 허물을 말끔히 씻어 주시고
  제 잘못을 깨끗이 없애 주소서.

29. 사제는 제대 한가운데로 가서 교우들을 바라보고 팔을 벌렸다 모으면서 말한다.

+ 형제 여러분, 우리가 바치는 이 제사를
  전능하신 하느님 아버지께서 기꺼이 받아 주시도록
  기도합시다.

  교우들은 일어서서 응답한다.

◎ 사제의 손으로 바치는 이 제사가
  주님의 이름에는 찬미와 영광이 되고
  저희와 온 교회에는 도움이 되게 하소서.

예물 기도

30. 이어서 사제는 팔을 벌리고 예물 기도를 바치며, 기도가 끝나면 교우들은 환호한다.

◎ 아멘.

감사 기도

감사송

31. 그다음에 사제는 감사 기도를 시작한다.
    사제는 팔을 벌리며 말한다.
    + 주님께서 여러분과 함께.　◎ 또한 사제의 영과 함께.
    사제는 손을 올리며 말한다.
    + 마음을 드높이.　　　　　◎ 주님께 올립니다.
    사제는 팔을 벌리고 계속한다.
    + 우리 주 하느님께 감사합시다.　◎ 마땅하고 옳은 일입니다.
    사제는 팔을 벌리고 감사송을 계속한다.

거룩하시도다

사제는 감사송 끝에 손을 모으고, 교우들과 함께 거룩하시도다를 노래하거나 분명한 목소리로 낭송하며 감사송을 마친다.

◎ 거룩하시도다! 거룩하시도다! 거룩하시도다!
　온 누리의 주 하느님!
　하늘과 땅에 가득 찬 그 영광!
　높은 데서 호산나!
　주님의 이름으로 오시는 분, 찬미받으소서.
　높은 데서 호산나!

32. 모든 미사에서 주례 사제는 특히 감사 기도의 주요 부분을 노래할 수 있다.

감사 기도 제2양식

99. 이 감사 기도에는 고유 감사송이 제시되어 있다. 그러나 다른 감사송, 특히 공통 감사송처럼 구원의 신비를 간추려 드러내는 감사송과 함께 바칠 수 있다.
    + 주님께서 여러분과 함께.　◎ 또한 사제의 영과 함께.
    + 마음을 드높이.　　　　　◎ 주님께 올립니다.

✚ 우리 주 하느님께 감사합시다.

◎ 마땅하고 옳은 일입니다.

✚ 거룩하신 아버지, 사랑하시는 성자 예수 그리스도를 통하여
언제나 어디서나 아버지께 감사함이
참으로 마땅하고 옳은 일이며 저희 도리요
구원의 길이옵니다.
아버지께서는 말씀이신 그리스도를 통하여
모든 것을 창조하시고
그분을 저희에게 구세주로 보내셨으니
그분께서는 성령으로 인하여
동정 마리아에게서 사람으로 태어나셨나이다.
성자께서는 아버지의 뜻을 이루시고자
십자가에서 팔을 벌려 백성을 아버지께 모아들이셨으며
죽음을 이기고 부활하셨나이다.
그러므로 저희도 모든 천사와 성인과 함께 한목소리로
주님의 영광을 찬양하나이다.

◎ 거룩하시도다! 거룩하시도다! 거룩하시도다!
온 누리의 주 하느님!
하늘과 땅에 가득 찬 그 영광!
높은 데서 호산나!
주님의 이름으로 오시는 분, 찬미받으소서.
높은 데서 호산나!

100. 사제는 팔을 벌리고 기도한다. 주례 사제

✚ 거룩하신 아버지,

아버지께서는 모든 거룩함의 샘이시옵니다.

101. 사제는 두 손을 모은 다음 예물 위에 펴 얹고 기도한다. (모든 사제)

✚ 간구하오니

성령의 힘으로 이 예물을 거룩하게 하시어

사제는 손을 모으고 기도하며, 빵과 성작 위에 십자 표시를 한 번 한다.

우리 주 예수 그리스도의 몸과 ✚ 피가 되게 하소서.

사제는 손을 모은다.

102. 아래의 기도문에서 주님의 말씀은 마디마다 또렷하게 발음한다.

스스로 원하신 수난이 다가오자 예수님께서는

사제는 제대 위에서 빵을 조금 들어 올리고 계속한다.

빵을 들고 감사를 드리신 다음 쪼개어

제자들에게 주시며 말씀하셨나이다.

사제는 허리를 조금 굽힌다.

너희는 모두 이것을 받아 먹어라.
이는 너희를 위하여 내어 줄 내 몸이다.

사제는 축성된 빵을 받들어 교우들에게 보이고 성반에 내려놓은 다음, 깊은 절을 한다.

103. 이어서 계속한다.

저녁을 잡수시고 같은 모양으로

사제는 제대 위에서 성작을 조금 들어 올리고 계속한다.

잔을 들어 다시 감사를 드리신 다음
제자들에게 주시며 말씀하셨나이다.

사제는 허리를 조금 굽힌다.

너희는 모두 이것을 받아 마셔라.
이는 새롭고 영원한 계약을 맺는 내 피의 잔이니
죄를 사하여 주려고 너희와 많은 이를 위하여 흘릴 피다.
너희는 나를 기억하여 이를 행하여라.

사제는 성작을 받들어 교우들에게 보이고 성체포 위에 내려놓은 다음,
깊은 절을 한다.

104. 이어서 말한다.

+ 신앙의 신비여!

교우들은 뒤따라 환호한다.

◎ 주님께서 오실 때까지 주님의 죽음을 전하며
부활을 선포하나이다.

또는

◎ 주님께서 오실 때까지 이 빵을 먹고 이 잔을 마실 적마다
주님의 죽음을 전하나이다.

또는

◎ 십자가와 부활로 저희를 구원하신 주님, 길이 영광받으소서.

105. 사제는 팔을 벌리고 기도한다.

+ 아버지,
저희는 그리스도의 죽음과 부활을 기념하며
생명의 빵과 구원의 잔을 봉헌하나이다.
또한 저희가 아버지 앞에 나와 봉사하게 하시니 감사하나이다.
간절히 청하오니
저희가 그리스도의 몸과 피를 받아 모시어
성령으로 모두 한 몸을 이루게 하소서.
주님, 온 세상에 널리 퍼져 있는 교회를 생각하시어   첫째 사제
교황 아무와 저희 주교 아무와***
모든 성직자와 더불어 사랑의 교회를 이루게 하소서.

*** 총지침 149항에 따라 부교구장 주교와 보좌 주교도 기억할 수 있다. 주교가 여럿일 때는 저희 주교 아무와 협력 주교들과로 한다.

죽은 이를 위한 미사에서는 아래의 고유 전구를 덧붙일 수 있다. 둘째 사제

+ (오늘) 이 세상에서 불러 가신 주님의 종 아무를 생각하소서.
그는 세례를 통하여 성자의 죽음에 동참하였으니
그 부활도 함께 누리게 하소서.

+ 부활의 희망 속에 고이 잠든 교우들과 둘째 사제
세상을 떠난 다른 이들도 모두 생각하시어
그들이 주님의 빛나는 얼굴을 뵈옵게 하소서.
저희에게도 자비를 베푸시어
영원으로부터 주님의 사랑을 받는
하느님의 어머니 복되신 동정 마리아와
그 배필이신 성 요셉과 복된 사도들과 모든 성인과 함께
영원한 삶을 누리며

사제는 손을 모은다.

성자 예수 그리스도를 통하여 아버지를 찬양하게 하소서.

106. 주례 사제는 성반과 성작을 받들어 올리고 계속한다. (모든 사제)

+ 그리스도를 통하여 그리스도와 함께
그리스도 안에서 성령으로 하나 되어
전능하신 천주 성부
모든 영예와 영광을 영원히 받으소서.

교우들은 환호한다.

◎ 아멘.

그다음에 영성체 예식이 이어진다.

영성체 예식

주님의 기도

124. 사제는 성작과 성반을 내려놓은 뒤, 손을 모으고 말한다.

✚ 하느님의 자녀 되어, 구세주의 분부대로 삼가 아뢰오니

　사제는 팔을 벌리고 교우들과 함께 기도한다.

◎ 하늘에 계신 우리 아버지,
　아버지의 이름이 거룩히 빛나시며
　아버지의 나라가 오시며
　아버지의 뜻이 하늘에서와 같이
　땅에서도 이루어지소서!
　오늘 저희에게 일용할 양식을 주시고
　저희에게 잘못한 이를 저희가 용서하오니
　저희 죄를 용서하시고
　저희를 유혹에 빠지지 않게 하시고
　악에서 구하소서.

125. 사제는 팔을 벌린 채 혼자서 계속하여 기도한다.

✚ 주님, 저희를 모든 악에서 구하시고
　한평생 평화롭게 하소서.
　주님의 자비로 저희를 언제나 죄에서 구원하시고
　모든 시련에서 보호하시어
　복된 희망을 품고
　구세주 예수 그리스도의 재림을 기다리게 하소서.

　사제는 손을 모은다.
　교우들은 아래의 환호로 기도를 끝맺는다.

◎ 주님께 나라와 권능과 영광이 영원히 있나이다.

평화 예식

126. 그다음에 사제는 팔을 벌리고 분명한 목소리로 기도한다.

+ 주 예수 그리스도님,
 일찍이 사도들에게 말씀하시기를
 "너희에게 평화를 두고 가며 내 평화를 주노라." 하셨으니
 저희 죄를 헤아리지 마시고 교회의 믿음을 보시어
 주님의 뜻대로 교회를 평화롭게 하시고 하나 되게 하소서.
 사제는 손을 모은다.
 주님께서는 영원히 살아 계시며 다스리시나이다.
 교우들은 응답한다.

◎ 아멘.

127. 사제는 교우들을 향하여 팔을 벌렸다 모으면서 말한다.

+ 주님의 평화가 항상 여러분과 함께.
 교우들은 응답한다.

◎ 또한 사제의 영과 함께.

128. 이어서 경우에 따라 부제나 사제는 말한다.

+ 평화의 인사를 나누십시오.
 모든 이는 가벼운 절을 하며 서로 평화와 친교와 사랑의 인사를 나눈다.
 사제는 부제나 봉사자에게 평화의 인사를 한다.

◎ 평화를 빕니다.

빵 나눔

129. 그다음에 사제는 축성된 빵을 들어 성반에서 쪼개고, 작은 조각을 떼어 성작 안에 넣으며 속으로 기도한다.

+ 여기 하나 되는 주 예수 그리스도의 몸과 피가
 이를 받아 모시는 저희에게 영원한 생명이 되게 하소서.

하느님의 어린양

130. 그동안 아래 기도를 노래하거나 낭송한다.

◎ 하느님의 어린양, 세상의 죄를 없애시는 주님,
자비를 베푸소서.
하느님의 어린양, 세상의 죄를 없애시는 주님,
자비를 베푸소서.
하느님의 어린양, 세상의 죄를 없애시는 주님,
평화를 주소서.

위의 기도는 축성된 빵을 쪼개는 동안 되풀이할 수 있다.
그러나 마지막에는 평화를 주소서.로 한다.

영성체 전 기도

131. 그다음에 사제는 손을 모으고 속으로 기도한다.

+ 살아 계신 하느님의 아들 주 예수 그리스도님,
주님께서는 성부의 뜻에 따라
성령의 힘으로 죽음을 통하여
세상에 생명을 주셨나이다.
그러므로 이 지극히 거룩한 몸과 피로
모든 죄와 온갖 악에서 저를 구하소서.
그리고 언제나 계명을 지키며
주님을 결코 떠나지 말게 하소서.

또는

+ 주 예수 그리스도님,
주님의 몸과 피를 받아 모심이
제게 심판과 책벌이 되지 않게 하시고
제 영혼과 육신을 자비로이 낫게 하시며 지켜 주소서.

영성체

132. 사제는 깊은 절을 한 다음, 성체를 성반이나 성작 위에 조금 높이 받쳐 들고, 교우들을 향하여 분명한 목소리로 말한다.

+ 보라! 하느님의 어린양, 세상의 죄를 없애시는 분이시니
이 성찬에 초대받은 이는 복되도다.

교우들과 함께 한 번 말한다.

◎ 주님, 제 안에 주님을 모시기에 합당치 않사오나
한 말씀만 하소서. 제 영혼이 곧 나으리이다.

133. 이어서 사제는 제대를 향하여 서서 아래의 기도를 속으로 바친다.

+ 그리스도의 몸은 저를 지켜 주시어
영원한 생명에 이르게 하소서.

사제는 그리스도의 몸을 경건하게 모신다.
이어서 성작을 잡고 아래의 기도를 속으로 바친다.

+ 그리스도의 피는 저를 지켜 주시어
영원한 생명에 이르게 하소서.

사제는 그리스도의 피를 경건하게 모신다.

134. 그다음에 사제는 성체를 담은 성반이나 성합을 들고 영성체할 사람들에게 가서 매번 성체를 조금 들어 보이며 말한다.

+ 그리스도의 몸.

영성체할 사람은 응답한다.

● 아멘.

그리고 성체를 모신다.
부제도 성체를 나누어 준다면 같은 방식으로 한다.

135. 성체와 성혈을 함께 모실 때에는 양형 영성체 규정을 따른다.
136. 영성체 노래는 사제가 성체를 모실 때에 시작한다.
137. 성체 분배가 끝나면 사제나 부제나 시종은 성작 위에서 성반을 깨끗이 닦고 성작도 그렇게 한다.

그동안 사제는 속으로 기도한다.

+ 주님, 저희가 모신 성체를 깨끗한 마음으로 받들게 하시고
현세의 이 선물이 영원한 생명의 약이 되게 하소서.

감사 침묵 기도

138. 영성체 후에 사제는 자리에 가 앉는다. 경우에 따라 모두 잠깐 거룩한 침묵을 지키며 기도할 수 있다. 또한 시편이나 다른 찬양 노래나 찬미가를 부를 수 있다.

영성체 후 기도

139. 그다음에 사제는 제대나 주례석에 서서 손을 모으고 교우들을 향하여 말한다.

✚ **기도합시다.**

앞에서 침묵 기도를 하지 않았으면, 모두 사제와 함께 잠깐 침묵하며 기도한다. 이어서 사제는 팔을 벌리고 영성체 후 기도를 바친다. 그 끝에 교우들은 환호한다.

◎ **아멘.**

마침 예식

140. 필요에 따라 사목 권고나 공지 사항을 짧막하게 한다.

강복

141. 그다음에 파견을 한다. 사제는 팔을 벌리고 교우들을 향하여 말한다.

✚ **주님께서 여러분과 함께.**

교우들은 응답한다.

◎ **또한 사제의 영과 함께.**

사제는 교우들에게 강복한다.

✚ **전능하신 천주 성부와 ✠ 성자와 성령께서는
여기 모인 모든 이에게 강복하소서.**

교우들은 응답한다.

◎ **아멘.**

142. 특별한 날이나 상황에서는 예식 규정에 따라 이 강복 대신에 장엄 강복이나 백성을 위한 기도를 할 수 있다.

143. 주교 미사에서 주례자는 주교관을 받아 쓰고, 팔을 벌리며 말한다.

✚ **주님께서 여러분과 함께.**

모두 응답한다.

◎ 또한 사제의 영과 함께.
　주례자는 말한다.
+ 주님의 이름은 찬미받으소서.
　모두 응답한다.
◎ 이제와 영원히 받으소서.
　주례자는 말한다.
+ 우리 구원은 주님 이름에 있도다.
　모두 응답한다.
◎ 주님께서는 하늘과 땅을 만드셨도다.
　그다음에 주례자는, 목자 지팡이를 사용하였으면 지팡이를 받아 짚고, 교우들을 향하여 십자 표시를 세 번 하면서 말한다.
+ 전능하신 천주 ✠ 성부와 ✠ 성자와 ✠ 성령께서는 여기 모인 모든 이에게 강복하소서.
　모두 응답한다.
◎ 아멘.

파견

144. 그다음에 부제나 사제는 손을 모으고 교우들에게 아래의 말이나 다른 알맞은 말을 한다.

+ 미사가 끝났으니 가서 복음을 전합시다.
또는
+ 주님과 함께 가서 복음을 전합시다.
또는
+ 평화로이 가서 주님을 찬양하며 삽시다.
또는
+ 미사가 끝났으니 평화로이 가십시오.
　교우들은 응답한다.
◎ 하느님, 감사합니다.

145. 사제는 입당할 때와 같이 제대에 고개를 숙여 경건하게 절한다. 그다음에 봉사자들과 함께 제대 앞에서 깊은 절을 하고 물러간다.
146. 미사 끝에 곧바로 다른 전례가 이어지면 강복과 파견 예식은 생략한다.